초등 1학년, 스스로 공부가 시작됐다

플래너 쓰기 후기

◆

플래너를 쓰면서 하루를 미리 계획하게 되었어요. 예전엔 숙제를 깜빡하거나 시간을 낭비했는데, 지금은 할 일을 체크하면서 스스로 움직일 수 있어서 뿌듯해요. 특히 목표를 정하고 달성할 때마다 기분이 좋아요. 처음엔 귀찮았지만 지금은 저만의 루틴이 생겨서 자신감도 생겼어요.

― 초등학교 5학년 임재운

아침에 플래너를 쓰려고 노력해요. 숙제, 독서, 놀이 시간도 적어요. 다 하고 나서 체크할 때 기분이 좋아요. 다 완료하면 2배로 보상금을 받아서 특히 좋아요. 플래너를 쓰면 해야 할 일을 한눈에 볼 수 있고, 엄마도 쓰는 데 나도 쓰니까 나도 어른이 된 것 같아서 재밌어요.

― 초등학교 3학년 임재한

매일 플래너를 쓰며 해야 할 일을 실천하니 스스로 하게 돼서 보람있고, 숙제도 밀리지 않고 전날까지 끝낼 수 있어서 당일에 마음이 편안해요. 해야 할 일을 끝내면 추가로 용돈도 받아 동기부여가 돼서 더 열심히 하게 되었어요.

― 초등학교 5학년 정찬영

지금 이 순간에만 충실한 아들과 꼼꼼하게 매일 챙기지 못하는 엄마의 콜라보로 학기마다 방학마다 매번 시도해도 며칠 못 갔던 플래너를 두 달째 하고 있다는 게 놀라워요. 처음엔 학원 숙제에 이어 플래너까지 아이와 싸울 거리, 잔소리가 또 하나 늘어난 거 아닐지 신경 쓰였는데 그냥 지켜보기로 했습니다. 일단 만만한 엄마가 아닌, 작가님과의 약속 때문에 아이가 조금 더 노력했던 것 같고 추가 용돈 벌이가 그날의 계획을 지키려고 노력하는 데 큰 도움이 된 것 같아요.

엄마 욕심 같아서는 책상 정리하기, 가방 제자리에 두기, 그날의 학습 내용 복습 등 더 많은 계획도 촘촘히 세워서 갓생사는 아이를 만들고 싶지만.^^ 활동적인 아이임에도 숙제하라고 재촉하지 않아도 스스로 매일 분량을 정해서 할 일을 하고, 11시가 넘은 시간에도 독서 30분을 채우려고 졸음을 참아가며 책 읽기를 시도하는 것 등의 변화에 너무 감사하는 중입니다.

- 초등학교 5학년 정찬영 어머니

겨울방학 동안 플래너 쓰기를 했었습니다. 내가 한 일을 기록할 수 있어서 좋았고, 하루에 해야 할 일을 잊지 않고 할 수 있어서 좋았습니다. 하지만 매일 똑같은 내용을 반복해서 쓰게 되어 힘들었습니다. 플래너 쓰기를 시작하면서 동시에 새 문제집을 풀기 시작했는데 하다 보니 한 권을 거의 다 풀었습니다. 공부뿐만 아니라 운동도 하게 되어 기분이 좋았습니다. 지난 플래너를 넘겨보며 저 자신이 자랑스럽게 느껴집니다.

- 초등학교 6학년 최소혜

보물지도 워크샵 후기

✦

아이가 집중해서 강연을 듣더니 신중하게 고민하더라고요. 성취, 끈기, 배움, 성공을 골라 2025년 보물지도를 만들었습니다. 바로 3장 출력해서 눈에 잘 띄는 곳에 팍팍 붙였습니다. 유익한 강연 감사합니다!

– happ****

성공 사례를 보여주시니 더욱 실감이 나고 좀 더 구체적으로 계획을 세워야겠다는 생각도 하게 되었습니다. 또 캔바를 이용하니 이미지를 상세하게 넣을 수 있어서 더욱 열심히 하게 되네요. 좋은 강의 감사합니다.

– eyy***

막연한 미래라고 생각했는데 꾸미면서 상상하는 게 재미있었다. 편안한 분위기에서 시간 가는 줄 몰랐다. 요아정 사놓고 강연 후에 먹으려 했는데 시간 가는 줄 모르고 가족 모두 열심히 참여했다. 감사합니다♡

– bobob****

2025년 다짐한 바를 하나씩 실천해 보아야겠다고 다짐할 수 있는 귀한 시간 만들어 주심에 감사드립니다.^^

- tbdtb*****

작은 목표부터 시작해보겠습니다. 조금씩 먼 미래의 큰 꿈도 꿀 수 있는 그날까지! 덕분에 감사한 하루를 시작하겠습니다.

- qyo***

올해도 작가님 라이브 특강을 들으면서 만들었어요. 작년에 만든 보물지도 보니 많이 이루어졌더라고요.^^ 작년에는 혼자 만들었는데, 이번에는 두 딸도 같이 만들었어요. 만들고 나니 뿌듯합니다. 올해도 작년 내용을 수정 및 보강해서 만들었어요. 설명 들으면서 같이 만드니깐 집중도 잘 되고 더 재미있었어요.♡ 이제 출력해서 거실 화이트보드에 붙여 놓을 거예요. 오늘 만든 보물지도 매일매일 보면서 더 큰 꿈, 더 큰 목표 세워보고 싶어요~~ 2025년도 화이팅해요! 귀한 강의 해주셔서 감사합니다~~

- evelynk****

prologue

"오늘부터 함께 기록하실래요?"

"하루가 48시간이세요?"라는 말을 종종 듣고 사는 저는 두 아들을 키우며 책을 쓰고 강의를 합니다. 북클럽과 글쓰기 모임 리더로 활동하며, SNS에 영상 콘텐츠를 만들고, 생존 운동을 합니다. 이 모든 것을 해내는 저의 하루를 궁금해하는 분들이 많습니다.

솔직히 고백하자면, 저는 계획적인 사람은 아니었습니다. 충동과 즉흥으로 하루를 채우는 극심한 P 성향의 소유자였지요. 머릿속은 늘 하고 싶은 일들로 가득하지만, 정작 무엇부터 해야 할지 몰라 허둥대기 일쑤였습니다. 운동, 악기, 공부. 무엇 하나 진득하게 해내지 못했고 늘 시간에 쫓기며 살았습니다. 워킹맘이 되니 이런 제가 한심하다 못해 딱해 보였죠. 몸까지 아파 침상 생활을 하게 된 저를 더는 두고 볼 수 없었어요. 달라지고 싶다! 변하고 싶다! 그렇게 독서와 함께 기록이라는 것을 시작했습니다.

읽은 것을 기록하는 것에서 나아가 하루를 기록해야겠다는 생각이 들었어요. 우선순위를 정하고, 흩어지는 에너지를 단단히 붙잡아 '해야 할 일'을 먼저 해내는 사람이 되고 싶었습니다. 그렇게 2021년 1월

1일 저의 첫 플래너 쓰기가 시작됩니다. 이것이 몸과 마음을 돌보기 위한 기록 여정의 첫걸음이었어요.

 기록의 힘은 컸습니다. 처음에는 달력 형태의 먼슬리에 그날 읽은 책의 제목만 적었는데 그렇게 31일을 꽉 채우자 엄청난 일을 해낸 것만 같더라고요. 매일 차곡차곡 쌓이는 기록들 덕에 '오늘도 잘 살았네? 이런 일을 해냈네?' 스스로가 꽤 괜찮은 사람이라고 느껴졌어요. 아무것도 하지 못한 날의 저마저도 사랑스러워졌지요. 책을 읽고 남긴 기록들은 놀랍게도 저의 첫 책 『슬기로운 독서생활』의 씨앗이 되어주었습니다. 단순한 기록이 모여 의미 있는 결과물이 될 수 있다는 사실은 제게 큰 기쁨과 동기 부여가 되었습니다.

 제가 플래너 쓰기, 나아가 '기록' 그 자체에 더욱 마음을 쏟게 된 데에는 조금 더 개인적인 사연이 있습니다. 대학교 1학년 때 교사의 꿈을 꿀 수 있게 많은 영향을 미친 외할아버지께서 담낭암으로 돌아가셨어요. 바로 다음 해에는 어머니가 난소암 4기 투병을 하셨고요. 그 와중에 아버지께서 급성 혈액암 판정을 받아 갑작스럽게 세상을 떠나셨어요. 다행히 어머니는 지금까지 제 곁을 지켜주시며 당신의 삶과 생각을 나눌 기회를 주셨지만, 외할아버지와 아버지에 대해서는 여전히 묻고 싶은 것, 알고 싶은 것이 많습니다. 특히 아버지는 그 누구보다 저를 아끼셨던 분이고 평소 좋은 말씀도 많이 해 주셨지만 남아 있는 기록이라고는 편지 한 통이 전부였습니다.

 어느덧 저도 불혹의 나이가 되었습니다. 40대의 아버지는 아주 큰 어른으로 보였는데, 막상 제가 그 나이가 되어보니 아버지께서 얼마나 젊은 나이에 돌아가셨는지 새삼 깨닫게 됩니다. 아버지와 마지막으로 맞았던 새해 첫날, 일출을 보러 병원 꼭대기 층 통창에 한참 동안 해가 떠오르길 기다렸어요. 디지털카메라를 들고 서서 동영상을 찍을 생각은 왜 하지 못했는지. 다정했던 목소리와 풍부한 표정을 담지 못한 게 아직도 아쉽습니다. 그 날따라 아버지가 들려주신 공부 이야기, 배우자 이야기 등 이런저런 이야기들을 헤아려 듣지 못했던 어린 저를 탓하기도 했습니다. 그렇게 가실 줄은 꿈에도 몰랐기에 그런 이야기는 언제든지 들을 수 있다고 생각했거든요.

한 달이 넘는 침상 생활 동안 갑자기 기록에 대한 마음이 솟구쳤던 이유가 바로 여기 있었습니다. 누워 있는 시간에는 그 병의 크고 작음을 넘어 죽음과 가장 가까워지는 것 같아요. 플래너에 적는 오늘의 계획과 성찰, 감사 일기, 아이들과 나눈 소소한 대화들까지. 혹시라도 제가 예기치 못하게 아이들 곁을 떠나게 되더라도, 엄마의 생각과 삶의 흔적이 담긴 이 기록들이 남겨진 아들들에게 작은 위로나마 될 수 있기를, 엄마를 기억하는 따뜻한 실마리가 되어주기를 바라는 마음으로 기록을 시작하게 되었습니다.

이런 제 마음이 전해진 걸까요. 플래너 노트에 차곡차곡 삶을 적어 내려가는 저의 모습을 보며, 아이들도 자연스레 '기록'이라는 삶의 방식에 관심을 가지기 시작했어요. 좋아하는 캐릭터 도감 노트를 만들기도 하고, 지난밤 꾼 꿈을 적어두는 꿈 일기, 자기만의 비밀을 간직하는 비밀 일기 등 다양한 기록을 시작하더라고요. 모든 기록을 응원했고, 무엇이든 좋았지만 자기 삶을 바라보고, 자기 속도를 사랑하고, 나아가 자기만의 길을 걷게 도와주는 힘이 플래너에 있다고 생각했어요. 아이들도 자신의 하루를 돌아보고 작지만 소중한 일을 놓치지 않으려 애쓰는 마음을 길러주고 싶었지요. 그래서 두 아들에게 플래너를 건네주었습니다.

시작하고 보니 플래너 쓰기는 부모에게도 아이에게도 서로의 성장을 위해 정말 좋은 도구였습니다. 그래서 제 이야기를 SNS에 남기게 되었는데 많이들 궁금해하고, 함께하는 사람들이 생겨났습니다. 개인적으로 만들어 쓰던 플래너를 대량으로 제작해 나누기도 하고 강연도 다니며 책까지 쓰게 되었습니다.

책을 쓰며 다짐한 것은 단순히 '플래너 사용법을 알려주는 기술적인 내용만 담지 말자'라는 것이었습니다. 플래너를 어떻게 쓰는지, 또한 활용 가능한 다양한 플래너 정보는 시중에 넘쳐났으니까요. 책을 통해 지난 5년간 극 P 성향의 제가 플래너 쓰기를 통해 어떻게 변화하고 성장했는지, 그리고 어떻게 두 아이와 함께 플래너 쓰기를 일상으로 만들었는지에 대한 경험을 나누려 합니다.

우리 가족이 플래너를 쓰며 겪었던 시행착오와 웃음 가득했던 에피소드, 나름의 플래너 활용법과 소소한 팁을 담았습니다. 저와 제 아이들의 경험을 통해 실제로 플래너를 쓰며 부딪히게 되는 문제들을 해결해 나갈 마음의 여유와 인사이트, 구체적인 방법들을 얻었으면 좋겠습니다.

플래너 쓰기가 막막했던 부모님들께는 아이와 함께 즐겁게 시작할 수 있는 용기를, 이미 플래너를 쓰고 계신 분들께는 새로운 영감과 동기 부여가 되길 바랍니다.

자, 이제 저와 제 두 아들이 가꾸어가는 플래너의 세계,
설렘과 성장이 기다리는 기록의 세계로 여러분을 초대합니다.
오늘부터 함께 기록하실래요?

정예슬

prologue "오늘부터 함께 기록하실래요?"　006

Part 1
플래너 쓰기에 대하여

01 플래너 쓰기, 고민 중이신가요?　019
02 균형 잡힌 생활 습관의 첫걸음　023
03 하루를 스스로 책임지는 습관의 시작　026
04 플래너 쓰기, 이렇게 시작해 봅니다　029

Part 2
플래너 쓰기의 시작

준비 단계
보물지도 작성하기　035
　　　・보물지도

시작 단계

01 플래너 쓰기의 첫 단추 056
- 목표 달력 스티커판
- 목표 달력 도장판

02 유치원 시기, '플래너'로 생활 습관 만들기 062
- 자석 양치판
- 투두리스트

03 플래너를 대하는 부모의 자세 068
- 부모 피드백
- 구체적인 실행 목표

04 우리 아이 성향별 맞춤 플래너 076

05 초등학생의 플래너 사용법 082

06 초등학생을 위한 학습 환경 만들기 087
- 거실 공부방

Part 3
플래너 쓰기가 루틴이 되려면

실천 단계

01 우리 집 루틴 만들기 096
- 우리 집 플래너 루틴

02 하루 계획 세우기 103
- 블록 기법 적용하기

03 우선순위 정하기 109
　　· 우선순위 적용 플래너
　　· 연간 해빗 트래커
04 플래너에 놀이 활동과 휴식 시간 넣기 118
　　· 보상 활동이 있는 플래너
05 특별한 날 플래너 쓰기 123
　　· 특별한 날 플래너
06 내 아이만을 위한 특별 보상 129
　　· 스페셜 보상 데이
07 물질적인 보상보다 중요한 것 135
　　· 자녀와 소통 창구
08 실수와 실패를 학습의 기회로 만드는 법 140

Part 4
플래너 활용법

심화 단계
01 플래너로 시작하는 정리정돈 습관 146
　　· 플래너 지정석
　　· 가사 분담표
02 학습 과정을 기록하는 플래너 152
03 배움 노트로 플래너 활용하는 법 157

04 플래너로 경제 교육하는 법　164
　　· 플래너에 수입, 지출 기록하기

05 긍정 확언으로 하루 시작하기　170
　　· 긍정 확언 기록

06 플래너를 감사 일기로 활용하기　175
　　· 감사 일기

Part 5
플래너 쓰기 그 너머의 일

확장 단계

01 부모와 함께하는 '도전' 활동　182
　　· 독서 기록

02 모범이 되는 부모의 학습 태도　187
　　· 함께하기

03 아이의 마음을 여는 부모의 말투　193
　　· 부모의 말 연습

04 시간 도둑 잡기　198

05 지속적인 학습 습관 형성하기　202
　　· 엄마의 플래너

epilogue "기록, 사랑을 남기는 일"　208

이 책 보는 방법

준비 단계
무작정 플래너 쓰기부터 시작했다가 작심삼일로 끝나기 일쑤였나요? 아이의 꿈 찾기 지도인 '보물지도' 먼저 만들고 시작해 보세요.

시작 단계
작은 목표를 스스로 이루며 성취감을 느끼는 연습부터 시작하게 하세요. 습관을 쌓아가는 데 도움이 되는 도구와 방법을 소개합니다.

실천 단계
루틴은 반복을 통해 완성됩니다. 하루 계획을 세우고, 놀이와 휴식을 포함한 균형 있는 일과를 구성하는 법을 알려 드릴게요.

심화 단계
플래너를 아이의 포트폴리오로 활용해 보세요. 학습 과정을 기록하고 배움 노트 쓰기, 경제 교육, 감사 일기 등을 기록합니다.

확장 단계
부모와의 도전 활동과 대화, 본보기가 아이의 습관을 지속 가능하게 만듭니다. 아이의 성장 여정에 함께해 주세요.

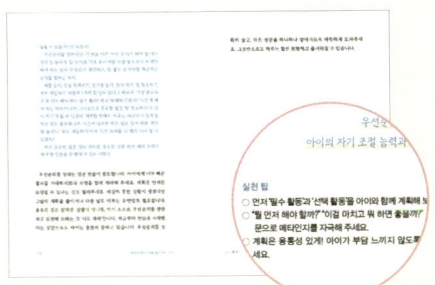
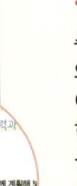

핵심 메시지와 실천 팁

주제별로 원고 말미에 핵심 메시지와 구체적인 실천 팁이 정리되어 있어요.
한번에 다 읽을 시간이 없다면 이 부분만 체크하면서 플래너 쓰기에 적용해 보세요. 책을 다 읽은 다음에 필요한 내용을 복기할 때도 유용하게 활용해 보세요.

책에서 설명하는 보물지도 만들기를 『100-Day PLANNER』에서 직접 적을 수 있습니다.

책에서 설명하고 있는 플래너 쓰기를 적용하며 쓸 수 있는 플래너 워크북을 준비했습니다. 아이 성향에 맞춰 활용하세요.

Part 1

플래너 쓰기에 대하여

그 '작은 실천'들이 쌓여 하나의 하루가 되고,
그렇게 쌓인 하루는 일주일, 한 달, 일 년이 되며
결국 아이의 인생을 만듭니다.

01
플래너 쓰기, 고민 중이신가요?

'아, 이거 또 내 숙제 되는 거 아니야?'
'플래너 쓴다고 뭐가 달라지겠어?'

혹시 지금 이런 생각을 하고 계실지 모르겠습니다. 한 가지 확실한 것은 마지막까지 해내는 아이들의 특징은 '스스로 하는 아이'였다는 점입니다. 엄마가 시켜서 억지로 하는 공부나 습관은 오래가지 못합니다. 제가 초등 현장에서 근무하며 만났던 제자 중 소위 말하는 SKY 대학에 진학하게 되었다고 연락해 오는 아이들을 가만 떠올려보면 이런 공통점이 있습니다. 바로 스스로 공부하는 아이들이었다는 점입니다. 매일 해야 할 공부를 계획하고 확인하며 예습과 복습을 꾸준히 이어갔던 아이들입니다.

교실 현장에서 플래너 쓰기를 강조한 적은 없습니다. 다만 배움 노트는 꼭 쓰게 했습니다. 하루 동안 배운 교과목과 핵심 키워드 혹은 새롭게 알게 된 점을 쓰는 노트입니다. 그런데 이 배움 노트 또한 플래너의 또 다른 형태였습니다. 아이들이 아침에 와서 오늘 공부할 과목을 배움 노트에 적고 무엇을 배울지 미리 확인하기 때문입니다. 저학년 친구들과는 칭찬 통장을 활용했습니다. 하루 동안 해야 할 일을 체크리스트로 만들고 동그라미를 치게 했습니다. 매달 동그라미의 개수에 따라 보상해 주었지요.

플래너는 하루를 기록하는 도구입니다. 플래너의 형태는 체크리스트일 수도 있고 배움 노트일 수도 있습니다. 학년, 수준, 아이 성향에 따라 그 모습이 다를 수 있다는 겁니다. 중요한 것은 오늘 할 일을 아이가 스스로 챙기는지 아닌지입니다. 물론 처음부터 척척 해나갈 수는 없습니다. 대체로 어떤 것을 습관화하는 데 걸리는 기간이 최소 21일이며 그것이 꾸준히 이어지려면 66일 이상 반복해야 한다는 연구가 있습니다. 영국 런던대학의 필리파 랠리 교수 연구팀은 96명을 대상으로 12주 동안 새로운 습관 형성에 관한 연구를 진행했습니다. 습관의 종류나 개인의 성향에 따라 필요한 시간은 달랐지만, 습관 형성에는 평균적으로 66일이 걸렸습니다.

저는 아이들이 어린이집에 다니기 시작했던 때부터 독서판, 챌린지 보드 등에 스티커를 붙여가며 습관을 시각화했습니다. 초등학교에 들어간 이후에는 깍두기공책에 도장을 찍어가며 할 일을 체크했습니다. 이후에도 꾸준히 다양한 방법의 체크리스트를 써 왔는데 초등학교 4학년, 2학년 두 아들이 2학기에 접어들면서부터 플래너 쓰기에 동참했습니다.

작년에 초등학교 5학년, 3학년에 올라가는 두 아들과 집에서 겨울방학 석 달을 보냈습니다. 학교 석면 및 창호 공사로 방과 후 수업도 없이 오전 내내 집 공부를 하며 보내게 되었죠.

긴긴 방학이었지만 플래너 덕분에 두렵지 않았습니다. 플래너에 쓴 할 일을 모두 다 하고 노는 것이 습관화되었고 긴 명절 연휴나 가족여행을 다녀온 뒤에도 일상으로 빠르게 복귀할 수 있었습니다. 물론 플래너를 쓴다고 해서 아이들이 1부터 100까지 완벽하게 모든 것을 혼자 할 수는 없습니다. 플래너만 쓰고 우선순위를 매겨 놓더라도 갑자기 다른 재미있는 책이나 놀이에 빠질 수도 있어요. 어른도 핸드폰으로 필요한 검색을 하려다 엉뚱하게 뉴스 기사나 쇼핑으로 빠지기도 하는 것처럼 말이죠. 하지만 그럴 때마다 늘 제자리로 돌아올 수 있게 이끌어주는 것이 플래너입니다.

"숙제 다 했니?"

아무리 다정하게 물어보려 해도 이미 질문 속에 힐난과 질책이 있습니다.

"플래너 한번 확인해 볼까?"

슬쩍 옆으로 가서 플래너를 함께 확인하면 아이도 무엇을 해야 하는지 다시 감을 잡고 샛길에서 빠져나올 수 있습니다. 만약 플래너가 없다면 지금까지 무엇을 했고, 무엇을 하지 않았는지 확인하기 힘들고 부모의 잔소리로 이어질 가능성이 큽니다. 결국, 플래너는 모두의 시간과 에너지 낭비를 줄여주는 도구입니다.

02
균형 잡힌
생활 습관의 첫걸음

  플래너는 아이가 자기 주도적인 학습 습관을 기르는 데 있어 매우 중요한 도구입니다. 플래너를 작성하며 아이는 학습 계획을 스스로 세우고, 시간을 관리하며, 자신의 일과를 조직해 나가는 힘을 키울 수 있습니다. 물론 플래너를 쓰는 모든 아이가 공부를 잘한다고 단정할 수는 없습니다. 하지만 분명한 것은, 공부를 잘하는 아이들 대부분은 메타인지 능력이 뛰어나다는 점입니다. 메타인지는 '내가 무엇을 알고, 무엇을 모르는지'를 판단하는 상위 인지 능력입니다. 아이가 플래너를 쓰는 과정은 '지금 무엇을 해야 할까?', '이건 먼저 해야 할까, 나중에 해도 될까?'를 스스로 끊임없이 생각하게 하며, 그 자체가 메타인지를 자연스럽게 길러주는 활동이 됩니다.

플래너는 단순히 시간을 기록하는 도구가 아니라, 아이가 자신의 삶을 설계하고 주도적으로 살아가는 태도를 익히게 하는 강력한 도구입니다. 하루를 그저 시간에 쫓겨 보내는 것이 아니라, 짧은 하루라도 주도적으로 시간을 구성하고 선택할 수 있게 합니다. 시간을 스스로 다루고 계획하는 습관을 지닌 아이는 학습뿐 아니라 생활 전반에서 균형 잡힌 태도를 보이게 됩니다. 예를 들어, 지금 당장 놀고 싶어도 플래너에 '피아노 학원'이라고 적혀 있으면 그 계획을 다시 떠올리며 행동하게 됩니다. 과제나 시험을 앞두고도 미리 계획을 세우고 실천했기에 초조하거나 쫓기지 않고 차분히 자신의 공부를 해낼 수 있게 됩니다.

이처럼 플래너에 적힌 할 일을 확인하고 실천에 옮기는 습관은 순간적인 충동을 억제하고, 장기적인 목표를 향해 나아가는 힘을 길러줍니다. 지금 당장의 즐거움보다 앞으로의 성장을 선택하는 경험을 반복하면서, 아이는 자기 조절력을 키워나가게 됩니다. 이는 학업뿐 아니라 스마트폰 사용, 게임, 영상 시청 등 다양한 상황에서도 '지금 무엇을 선택해야 하는가'를 판단하는 기준을 세워주는 데 큰 도움이 됩니다. 균형 잡힌 생활 습관은 바로 이렇게 길러집니다.

플래너를 꾸준히 쓰는 또 다른 효과는 아이의 정서적인 안정과 긍정적인 자아 형성입니다. 계획을 실천하고 목표를 하나씩 달성할 때마다 아이는 자신에 대한 믿음을 조금씩 쌓아갑니다. "해냈다!"라는 성취감이 누적되면 자존감이 높아지고, 스스로에 대한 긍정적인 이미지가 자리 잡게 됩니다. 더불어, 휴식과 놀이를 함께 계획하며 시간을 사용하면 학업과 일상의 균형을 유지할 수 있게 됩니다. 이 균형은 스트레스를 줄여주고, 감정 조절력에도 긍정적인 영향을 미칩니다.

물론 이런 변화가 하루아침에 마법처럼 찾아오는 건 아닙니다. 플래너를 쓰는 일 자체에도 꾸준한 노력이 필요하고, 거기에 적힌 계획을 실천하는 데에도 또 한 번의 노력이 따라야 합니다. 하지만 바로 그 '작은 실천'들이 쌓여 하나의 하루가 되고, 그렇게 쌓인 하루는 일주일, 한 달, 일 년이 되며 결국 아이의 인생을 만듭니다. 당연히 계획대로 되지 않는 날도 있을 것입니다. 하지만 계획하고, 실천하며, 그 안에서 발생하는 어려움을 해결하는 과정을 통해 아이는 점점 더 강한 책임감과 자립심을 키워갑니다.

우리가 아이를 키우며 바라보는 가장 큰 목표는 '자신의 삶을 책임지고 살아갈 수 있는 아이'로 자라는 것입니다. 그런 의미에서 플래너는 가장 현실적이고 효과적인 도구입니다. 서툰 글씨로 기록되는 오늘의 계획이, 우리 아이의 더 단단한 내일을 만들어줄 것입니다.

03
하루를 스스로 책임지는 습관의 시작

"공부 다 했어?"

엄마가 이렇게 묻는 순간 아이의 마음은 스르르 닫힙니다. 초등학교 저학년까지는 괜찮을지 모릅니다. 하지만 학년이 올라갈수록 아이들의 표정과 말투는 점점 달라집니다. 사춘기가 오면 속된 말로 눈알이 달라진다고 합니다. 눈빛이 달라진다는 소리입니다. 계속해서 엄마가 이런 식으로 확인할 수는 없습니다. 아이가 말문을 닫아버리면 숙제가 무엇인지조차 파악하기 힘들어집니다. 특히 남학생 어머니들은 동네의 똘똘한 여학생 어머니와 친해지기 위해 노력합니다. 학교 준비물이나 행사 등을 놓칠세라 걱정되기 때문입니다.

이런 문제를 해결해 주는 도구가 바로 플래너입니다. 플래너 쓰기를 훈련하는 과정에는 당연히 부모의 에너지가 필요합니다. 하지만 쫓아다니며 숙제를 챙기는 수고에 비하면 훨씬 적은 노력과 짧은 시간이 소요됩니다. 그렇다고 "이제 초등학생인데 네 일은 네가 알아서 해!"라고 하기에 우리 아이들은 아직 어리고 방법 또한 모릅니다. 드라마 <스카이 캐슬>에서는 아이들의 학습, 봉사활동, 동아리 활동, 건강, 심리, 수면, 말투까지 관리하는 입시 코디네이터가 있어 화제가 되었습니다. 이와 유사한 직업이 현실에 존재한다는 사실이 밝혀지면서 더욱 이목을 집중시켰습니다. 고등학생이 되어서까지 남이 짜주는 계획대로 사는 삶의 미래는 상상하기 어렵지 않습니다. 언제까지나 수동적으로 살아갈 것이며 자신의 선택을 믿지 못하는 어른이 될 것입니다.

　어린 시절 플래너를 쓰는 일은 타인에게 의존하는 삶에서 벗어나 스스로 책임감 있게 살아가는 아이로 성장하도록 돕는 필수적인 과정입니다. 처음에는 부모의 세심한 도움과 안내가 필요합니다. 이것은 단순한 간섭이 아니라 아이가 플래너를 잘 활용하도록 이끄는 데 꼭 필요한 과정이지요. 마치 아기에게 밥을 먹이고 옷을 입히고 잠자리를 돌보는 것이 부모의 당연한 책임이듯, 플래너 사용법을 가르치는 것 또한 부모의 역할입니다.

　처음부터 완벽할 수 없습니다. 어른도 매일 계획을 세우고 그대로 실천하기란 어려운 일이니까요. 그러니 때론 아이들이 계획 세운 대로 되지 않는다고 해도, 또 하루를 제대로 마무리하지 못하더라도 실망할 필요가 없습니다. 중요한 건 꾸준함입니다. 익숙해지는 과정은 필요하고, 그 시간을 통해 아이는 점차 외부의 간섭 없이 스스로 플래너 관리하는 능력을 키우게 됩니다.

아이에게 플래너 쓰기를 훈련하는 과정에서 이런 의문이 들 수도 있습니다. '플래너 쓴다고 당장 아이 성적이 오르는 것도 아닌데 굳이 애랑 맨날 싸우면서 이걸 해야 하는 걸까?' 답은 명확합니다. 플래너는 아이가 자기 주도적인 삶을 살 수 있도록 돕는 궁극적인 로드맵이기 때문입니다. 플래너 쓰기는 단순한 기록을 넘어 아이가 자기를 돌아보는 습관을 길러줍니다. 매일 자신을 점검하는 아이는 점차 주도적인 삶을 살아갈 수 있게 됩니다.

플래너 쓰기는 부모에게도 성장의 기회를 줍니다. 플래너 사용을 훈련하는 과정에서 부모는 인내심과 긍정적인 지지 방법을 배우고 아이와의 관계를 더욱 돈독하게 만들 수 있습니다. 아이의 성장을 지켜보는 기쁨과 함께 부모 자신도 성장하는 경험을 하게 되는 것이죠. 플래너는 잔소리를 줄이는 도구이자 아이와 부모가 함께 성장하게 돕는 훌륭한 파트너입니다.

04
플래너 쓰기, 이렇게 시작해 봅니다

플래너가 아이에게 좋은 습관을 만들어준다는 것을 알고, 부모의 도움도 필수적이란 걸 알지만 구체적으로 어떻게 시작해야 할지 막막하신가요? 이 책은 바로 그런 부모님들을 위해 쓰였습니다. 당장 할 일들로 플래너의 빈칸을 채우는 것보다 먼저 아이가 플래너를 꾸준히 활용할 수 있게 도와줘야 할 것입니다. 책에서는 '준비, 시작, 실천, 심화, 확장'이라는 5단계의 체계적인 로드맵으로 플래너 쓰기를 안내합니다. 단계별로 세심하게 구성된 플래너 작성 팁과 실제적인 조언은 부모님들의 고민을 해결해 줄 것입니다.

플래너 사용의 성공적인 시작을 위해 준비 단계는 매우 중요합니다. 무턱대고 플래너를 아이에게 건네는 것은 또 다른 숙제를 안

겨주는 것과 같습니다. 특히 바쁜 일상을 보내는 아이들에게는 오히려 플래너가 부담으로 작용할 수 있습니다. 그래서 준비 단계에서는 아이의 마음을 열고 플래너에 대한 긍정적인 인식을 심어주는 것이 핵심입니다.

"예슬아, 엄마 아빠는 네가 행복한 삶을 꾸려나가길 바라. 네가 성장해서 독립적인 삶을 살게 될 때, 또 우리가 곁에 없을 때도 네 일과 삶을 스스로 멋지게 살아갈 수 있기를 바란단다. 그래서 플래너를 함께 써보면서 너의 꿈과 목표를 이루는 여정을 함께하고 싶어. 그 전에 우리 가족의 특별한 보물지도를 만들어보는 건 어떨까? 우리의 멋진 미래를 함께 그려보는 거야."

많은 부모님이 아이에게 플래너를 권하지만 어느새 플래너 쓰기는 또 하나의 갈등 거리로 남게 됩니다. "플래너 썼니?" "또 밀렸어?" 엄마가 플래너를 쓰라고 자꾸만 다그쳐야 한다면, 우리가 바랐던 자기주도학습과는 거리가 멉니다. 플래너를 쓰는 아이로서는 왜 해야 하는지 도무지 알 수 없는 숙제일 뿐이고요. 단순히 하루의 계획을 적고, 체크하고, 다 하지 못했을 때는 속상함까지 더해집니다. 가야 할 방향도, 도착하고 싶은 목적지도 모른 채 하루하루 해야 할 일만 적다 보면, 플래너는 그저 '일정표'에 불과합니다. 이런 플래너는 아이에게 동기를 줄 수 없고 결국 오래가지도 못합니다. 그래서 플래너 쓰기를 시작하기 전에 꼭 필요한 것이 바로 '보물지도', 즉 '우리 아이의 꿈을 담은 지도'입니다. 보물지도는 아이가 꿈꾸는 미래를 이미지로 표현한 비전 보드입니다. 이 과정은 단순히 플래너를 채워 넣는 행위를 넘어, 아이 스스로 자신의 꿈과 목표를 발견하고 플래너를 통해 그것을 실현해 나갈 수 있도록 돕는 강력한 동기 부여 도구입니다.

 보물지도 작성으로 준비 단계를 성공적으로 마치게 되면 플래너 작성은 훨씬 수월해집니다. 매일 반복되는 일상을 기록하고 계획하는 과정은 꾸준함만 있다면 누구나 해낼 수 있습니다. 물론 처음에는 익숙하지 않아 어려움을 느낄 수도 있습니다. 하지만 걱정하지 마세요. 가정마다 아이에게 가장 잘 맞는 플래너 활용법을 자연스럽게 익혀갈 수 있도록 도와드리겠습니다.

Part 2

플래너 쓰기의 시작

계획을 실천하고 목표를 하나씩 달성할 때마다
아이는 자신에 대한 믿음을 조금씩 쌓아갑니다.

준비 단계

보물지도 작성하기

플래너 가이드북이라 해서 단순히 하루의 계획을 세우고 그것을 잘 실천하게 만드는 방법만 배우면 되는 것 아닐까, 생각하셨을까요? 그런데 갑자기 아이의 꿈을 적는 보물지도로 시작하라니 조금 놀라셨을지 모르겠습니다. 하지만 잠시만 생각해 보면 곧 그 의문이 풀리실 거예요. 플래너를 쓰는 이유는 하루를 보다 의미 있게 보내기 위해서입니다. 그렇다면, 왜 하루를 잘 보내는 일이 중요한 일인지를 아는 것에서 시작하는 것이 맞겠지요.

플래너를 위한 플래너 쓰기를 하면 어느 순간 지치고 슬럼프가 옵니다. 이걸 왜 이렇게 열심히 하고 있는지 모르겠다는 생각이 드는 거죠. 또 일상을 살다 보면 당장 급한 일, 바쁜 일과에 치여 정작 이루고 싶은 꿈들은 잊어버리기도 합니다. 그냥 하루하루 살아내기 바쁜 상태가 되는 거죠. 이럴 때 꿈이 눈앞에 늘 펼쳐져 있는 사람들은 슬럼프가 오더라도 빠르게 극복하고 다시 꿈길을 향해 나아갑니다. 꿈을 잊지 않게 도와주고 생생하게 떠올릴 수 있게 해주는 시각적인 도구가 바로 '보물지도'입니다.

2025년 1월 초등학교 5학년 친구들이 만든 보물지도

위 그림은 실제로 초등학생들이 캔바라는 디자인 도구로 직접 만들어 본 보물지도입니다. 지도에 자신의 꿈을 써넣고 이루고 싶은 꿈의 이미지나 사진들을 붙이면 보물지도가 완성됩니다. 이 보

물지도를 인쇄해서 냉장고나 벽에 붙인 다음 매일 바라보면 됩니다. 인쇄하지 않고 핸드폰이나 컴퓨터 바탕화면으로 해 두어도 좋습니다.

하버드 재학생들을 대상으로 목표 설정률 조사를 한 연구가 있습니다. 재학생들의 84%는 명확한 목표가 없었고 13%는 목표가 있지만 기록하지 않았다고 합니다. 나머지 3%만이 명확한 목표가 있고 그것을 기록했다고 하지요. 졸업 후 놀라운 결과가 벌어졌습니다. 목표를 설정하고 기록했던 3%의 학생들이 나머지 학생들의 수입을 합한 것보다 10배가 많았다는 겁니다. 쓰면 이루어집니다.

그림에 나오는 홍민이의 보물지도만 해도 보물지도를 만든 지 불과 두 달 만에 꿈에 성큼 다가가는 성과가 나왔어요. 그동안 축구 아카데미에 열심히 다니고 있었는데 3월 3일 코치님께 "축구부 감독으로 가게 되었는데 너도 같이 가자!"라는 제안을 받게 되거든요. 2025년 3월 4일 친구들과 인사도 하지 못하고 바로 축구부가 있는 학교로 전학을 가게 됩니다. 우리의 잠재의식은 꿈의 이미지를 잊지 않습니다. 무의식중에 꿈을 끌어당기고 꿈으로 향하는 기회를 포착하여 빠르게 안내해 준답니다.

자, 이제 여러분 차례입니다. 다음은 제가 종종 워크숍으로 진행하는 보물지도 만들기입니다. 책을 읽는다고 생각하지 마시고 항목 하나하나 아이들과 함께 작성해 보세요. 플래너북에 직접 적을 수 있게 서식을 만들어 두었어요. 그 부분에 직접 적어도 좋습니다.

① 보물지도 제목 짓기

먼저 표에서 아이에게 중요하게 생각하는 삶의 가치 2~3가지를 고르게 합니다. 표 속에 있는 가치들은 예시이므로 그 외에 다른 것을 중요하게 생각한다면 다른 가치를 적어도 됩니다. 만약 아이가 중요하게 생각하는 가치가 건강과 성장이라면 '건강하게 성장하는 정예슬의 보물지도'와 같이 보물지도의 제목을 짓게 합니다.

긍정	희망	성실	노력	소통	성취	모험	진정성	균형
공헌	아름다움	도전	변화	신중	자신감	용기	호기심	공감
공동체	유머	겸손	협력	경험	우정	청결	배움	창의성
논리	다양성	자유	탁월함	가족	건강	개성	친절	정직
리더십	믿음	자존감	공정	성공	봉사	안정감	끈기	부
지혜	평화	인정	반성	양심	친절	청렴	감사	예의	평등
인내	효도	질서	책임	계획	사랑	실천	과정	애국심	협동

② 보물지도 형태 정하기

보물지도는 코르크보드, 종이, 우드락, 캔바나 미리캔버스와 같은 디지털 도구 등 다양한 방법으로 만들 수 있습니다. 코르크보드에 만든다면 압정으로 사진을 붙였다 뗐다 할 수 있어서 수정하기 쉽습니다. 디지털 도구도 수정이 용이하고 여러 크기로 인쇄할 수 있다는 장점이 있습니다. 종이는 구하기 쉽고 간편한 준비물이라 마음만 먹으면 바로 시작할 수 있다는 장점이 있지요. 어차피 보물지도는 매해 업데이트가 필요하므로 편한 도구로 시작하세요.

③ 구체적인 목표를 나타내는 사진이나 그림 붙이기

이루고 싶은 것, 갖고 싶은 것, 해내고 싶은 것 등등 아이마다 다양한 꿈들이 있을 거예요. 그 꿈을 구체적으로 나타내는 목표 사진이나 그림을 찾아서 붙이게 하는 단계입니다. 코르크보드나 종이에 보물지도를 만들 때는 디지털 도구와 달리 직접 사진을 인화하거나 인쇄해서 붙여넣어야 합니다. 직접 그림으로 그려 넣는 것도 좋습니다. 이때 가족이나 자신이 활짝 웃는 사진도 함께 붙여 줍니다. 사진을 붙일 때 종이를 가로로 두고 시간의 흐름에 따라 이루고 싶은 것을 나열해서 붙여도 좋고, 세로로 두고 시계방향으로 붙이게 합니다. 반시계방향, Z형, 달팽이 형 등등 본인이 보기에 편한 모양이면 됩니다.

시간 흐름에 따른 보물지도

반시계 방향 보물지도   Z형 보물지도

④ 목표 달성 기한 적기

'공부 열심히 하기', '축구 연습하기'라는 추상적인 목표는 큰 힘이 없습니다. 달성 기한과 조건을 숫자로 넣어 구체적으로 써야 꿈을 이뤄낼 수 있다는 것을 설명해 주세요. 이때 활용하면 좋은 것이 조지 T. 도란이 제시한 SMART 기법입니다. SMART 기법은 목표 설정을 위한 기준으로 다음의 5가지 요소를 제시합니다.

Specific 구체적	무엇을 어떻게 할 것인지 쓰기 ex) 5학년 교과 연계 도서 읽고 독서록 쓰기

Measurable 측정 가능	결과물 분량이나 수준을 숫자로 쓰기 ex) 총 50권 읽고, 매주 일요일 독서록 기록	
Achievable 달성 가능	실현할 수 있는 범위인지 확인하기 ex) 매주 1권 읽고 독서록 기록하면 가능함. 혹시 빠지는 주가 있다면 여름방학에 주 2회 쓰면 됨. 교실, 집, 도서관에서 매주 읽을 책이 준비되어 있고, 하루 30분씩 독서 가능	
Relevant 관련성	학업 연계성 고려 ex) 독서와 글쓰기를 통해 문해력 향상. 교과 배경 지식 확장 가능	
Timely 기한 명확	2026년 1월 종업식 2주 전까지 학교 독서록 50개 써서 제출하면 다독상을 받으므로 기한 맞춰 끝내기	

 어떤가요? 단순히 '책 많이 읽기'라는 목표보다 구체적이고 현실적이니 실천할 수 있게 느껴지지 않을까요? 눈에 보이는 구체적인 목표를 정해야 실천할 수 있다는 것을 설명해 주세요.

⑤ 내 삶의 목적과 가치관에 부합하는지 확인하기
 보물지도 만들기①에서 아이가 고른 가치를 보물지도에 쓴 꿈과 맞춰 보는 단계입니다. 보물지도에 적은 꿈들이 자신의 지향하는 가치와 잘 부합하는지 확인하는 단계입니다. 예를 들어 '건강'을 소중하게 생각한다면 운동을 하거나 건강한 음식을 먹는 것이 중요합니다. 그런데 외식, 배달음식, 혹은 사탕과 과자 등의 간식들이 보물지도에 담겨 있으면 안 되겠죠? 또 게임이나 유튜브 시청 등만 보물지도에 가득 들어가 있어도 안 됩니다. 주 3회 이상 꾸준히 할 수 있고 좋아하는 운동을 정하여 목표를 세우게 해주세요. 가치와 목표가 충돌하는 것이 있다면 보물지도를 수정하거나 보완하게 합니다.

⑥ 주위 사람들에게 도움이 되는지 생각하기

철학자 세네카는 "타인과 나누지 못하는 것을 소유하는 것에는 어떤 기쁨도 없다"라는 말을 남겼습니다. 자기 자신에게 기쁘고 도움이 되는 일에 그치지 않고 가족이나 친구 등 주위 사람들에게도 도움이 되는 꿈인지 꼭 생각하게 해주세요. 만약 그렇지 못한 꿈이라면 이루어졌을 때 공허하거나 죄책감을 느낄 수 있어요. 만약 멋진 서재를 갖는 게 꿈이라면 다른 이들에게 어떤 도움이 될까요? '멋진 서재 덕분에 친구들을 초대했을 때 책을 추천하고 관련한 이야기를 나눌 수 있어요. 또 서재에서 서로를 도울 수 있는 멋진 아이디어를 잘 떠올리게 됩니다.' 등등 함께 기뻐하고 축복을 나눌 수 있는 일이라면 더 크고 좋은 에너지를 받을 수 있습니다.

⑦ 포스트잇에 구체적인 실천사항 쓰기

만약 아이가 '2학기 수학 단원평가 90점 이상 받기'라는 목표를 세웠다고 해봅시다. 그 목표를 위해 당장 오늘, 이번 주, 이번 달에 해야 할 실천사항들이 있을 거예요. 매일 수학 연산 문제집 1장 풀기, 이번 주 주말에는 서점에 가서 자신의 수준에 맞는 수학 문제집

고르기 등과 같이요. 단숨에 최종 목표로 가는 방법은 없습니다. 작은 실천을 쌓아가야 합니다. 이런 실천사항은 계속해서 바뀌기 때문에 포스트잇에 적어서 보물지도 옆에 붙여두면 좋습니다.

 구체적인 목표를 세워보고자 할 때는 포스트잇을 대신하여 연꽃기법이라고도 불리는 만다라트를 활용해 보는 것도 좋습니다. 브레인스토밍, 마인드 매핑과 같이 하나의 주제에 대한 하위 주제를 정하여 아이디어를 뻗어 나가는 방식입니다.

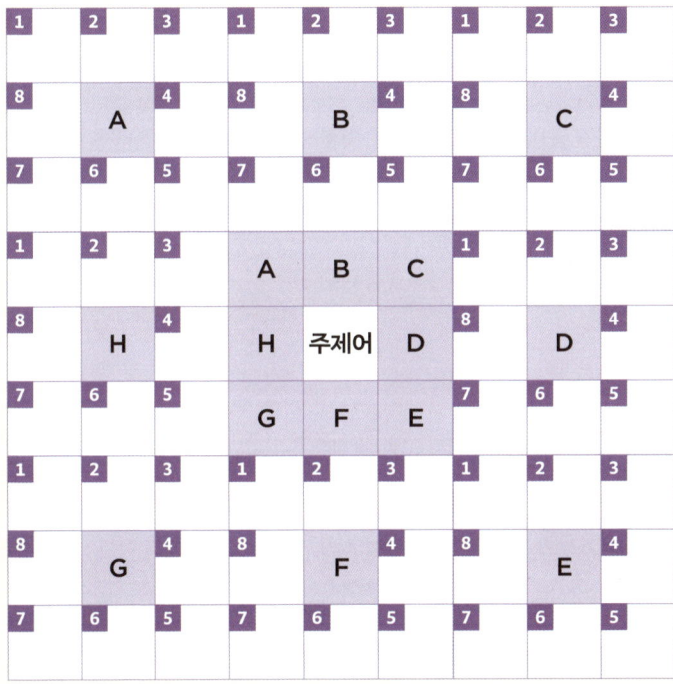

만다라트는 3x3으로 된 사각형을 총 9개 배치합니다. 중앙에 있는 사각형의 한 가운데에 주제어를 적고 나머지 8개(그림의 A~E에 해당)에 하위 주제를 적습니다. 이후 각각의 하위 주제에 대해 8개씩(1~9에 해당)의 아이디어를 채웁니다. 이렇게 아이디어 발산과 문제 해결에 주로 활용해 왔으나 세계적인 야구선수 오타니 쇼헤이가 고등학교 1학년 때 작성한 만다라트 덕분에 요즘은 만다라트를 이용해 새해에 목표를 세우는 사람들이 늘고 있어요.

몸관리	영양제 먹기	FSQ 90kg	인스텝 개선	몸통강화	축이 흔들리지 않기	각도를 만든다	공을 위에서 던진다	손목강화
유연성	**몸만들기**	RSQ 130kg	릴리스 포인트 안정	제구	불안정함 없애기	힘모으기	**구위**	하체 주도로
스테미너	가동역	식사 저녁7수저 아침3수저	하체강화	몸을 열지않기	멘탈 컨트롤	볼을 앞에서 릴리스	회전수 증가	가동역
뚜렷한 목표, 목적 가지기	일희일비 하지 않기	머리는 차갑게 가슴은 뜨겁게	**몸만들기**	제구	**구위**	중심축 회전	하체강화	체중증가
위기에 강하게	**멘탈**	분위기에 휩쓸리지 않기	**멘탈**	8구단 드래프트 1순위	**스피드 160km/h**	몸통강화	**스피드 160km/h**	어깨주위 강화
기복 만들지 않기	승리를 향한 집념	동료를 배려하는 마음	**인간성**	운	**변화구**	가동역	라이너 캐치볼	피칭 늘리기
감성	사랑받는 사람	계획성	인사	쓰레기 줍기	부실청소	카운트볼 늘리기	포크볼 완성	슬라이더 구위
배려	**인간성**	감성	장비는 소중히	운	심판에 대한 태도	슬로우 커브	**변화구**	좌타자 결정구
예의	신뢰받는 사람	지속력	긍정적 사고	응원받는 사람이 되자	책읽기	직구와 같은폼으로 던지기	스트라이크에서 볼을던지는 제구	거리의 이미지화

오타니 쇼헤이의 만다라트

그런데 만다라트를 처음 접하거나 어린이들이 활용하기에는 칸이 많고 복잡합니다. 그래서 다음 그림과 같은 쉬운 만다라트를 활용하는 것이 좋습니다. 보물지도에서 각각의 꿈에 해당하는 세부 목표를 각 칸의 핵심어로 적고 그것을 이루기 위해 실천할 일들을 나머지 8개의 칸에 적습니다. 아래와 같이 '알찬 방학 보내기'와 같은 단기 목표를 세울 때 활용해도 좋은 도구입니다.

세부목표 1	책 많이 읽기
세부목표 2	매일 운동 하기
세부목표 3	
세부목표 4	

매일 독서 시간 30분 확보하기	주말에 도서관이나 서점 가기	독서 목표 달성 시 보상 주기	주 3회 합기도 가기	매일 줄넘기 100번 뛰기	저녁 먹고 동네 산책하기
	독서 목표 달성 시 보상 주기	책 많이 읽기	매주 1~2권 이상 읽기		매일 운동 하기
	주 1회 독서록 쓰기	과학, 역사 등 다양한 장르 책 골라보기	가족과 주 1회 독서 토론		
		세부목표 3		세부목표 4	

만약 세부 목표에 대한 실천사항을 8개 쓰기 힘들 때는 다음과 같은 형태의 표를 활용해 볼 수도 있어요. 세부 목표에 대한 실천사항을 1~2가지만 써도 되거든요.

세부 목표 1	실천 사항 1
	실천 사항 2
	실천 사항 3
세부 목표 2	
세부 목표 3	
세부 목표 4	

⑧ 긍정 확언 및 기적 리스트 작성하기

완성된 보물지도의 여백이나 아래쪽에 "모든 꿈이 이루어졌습니다. 감사합니다."라는 긍정 확언을 적습니다. 되도록 이 문구는 필수로 넣기를 바랍니다. 모든 꿈이 기대 이상으로 이루어졌다고 써도 좋아요. 추가로 다음 예시를 보며 마음에 드는 것을 1~2개 골라서 보물지도 여백에 적어보세요. 매일 소리 내어 읽으면 더 좋습니다. 물론 다음 글귀 외에 더 좋아하는 긍정 확언이 있다면 그걸로 적어도 됩니다.

1. 내 안에는 행복/풍요/기쁨이 넘쳐흐른다.
2. 나는 자석처럼 행운을 끌어당기고 있다.
3. 나는 중요한 일에 집중하고 있다.
4. 내 꿈은 가장 알맞은 때에 가장 알맞은 곳에서 이루어진다.
5. 언제나 그렇듯 멋진 일들이 마구마구 쏟아진다.
6. 나와 나를 둘러싼 모든 인생은 감동의 연속이다.
7. 나는 해야 할 일을 미루지 않고 바로 실천에 옮긴다.
8. 나는 지금 이대로의 내가 정말 좋다.
9. 나는 모든 면에서 날마다 점점 나아지고 있다.
10. 나는 무엇이든 할 수 있고 될 수 있다.

그런데 '부자가 된다', '모두 이루어진다'라는 확언이 믿기 어려울 수 있어요. '정말 그게 가능해?'라는 의문이 든다면 백날 긍정 확언을 읊조려봐야 소용이 없습니다. 그럴 때는 다음과 같은 긍정 확언을 만들어보세요.

"나는 목표(보물지도에 쓴 꿈)를 이루기 위해 _____한 노력을 최선을 다하고 있다!"

목표와 노력해야 할 점을 결합한 자기 긍정 확언은 꿈을 이루기 위한 행동을 촉구하는 데 도움이 됩니다. 이렇게 보물지도를 작성하고 긍정 확언을 아무리 외쳐도 사람인지라 슬럼프는 찾아오게 마련입니다. 사실 슬럼프가 온다는 건 그만큼 열심히 살고 있다는 방증이에요. 하지만 당장 눈앞에 아무런 변화가 일어나지 않는 것처럼 보이면, 무기력감과 함께 그저 포기하고 싶고 자존감이 낮아집니다.

이때 아이에게 필요한 것이 '기적 리스트'입니다. 혹은 '감사 리스트'도 좋습니다. 자신이 해낸 일이나 감사한 일을 미리 적어두고 마음이 힘들 때 읽어보며 힘을 얻게 합니다. 보물지도 옆에 따로 써서 붙여두면 효과적입니다.

1. 태어날 때부터 1등으로 시작!
2. 어린이집/유치원/초등학교를 무사히 졸업
3. 언어를 배우고 소통할 수 있는 것
4. 무한한 잠재력을 가진 뇌를 가지고 있는 것
5. 기쁨, 슬픔, 사랑 등 다양한 감정을 느낄 수 있는 마음을 가진 것
6. 매일 몸과 마음이 조금씩 자라고 있는 것
7. 학교라는 교육 시스템이 있는 사회에 태어난 것
8. 나를 응원하는 가족이나 친구, 선생님이 계신 것
9. 피아노를 연주할 수 있는 것(악기나 운동 등)
10. 스마트폰, 컴퓨터 등 과학 기술의 발전으로 편리하고 풍요로운 삶을 누릴 수 있는 시대에 태어난 것

기적이나 감사 리스트는 아주 소소한 것도 좋습니다. '엄청난 경쟁을 뚫고 이 세상에 태어났다. 7살에 두 발 자전거를 타기 시작했다. 3학년 수학 시험에서 100점을 맞았다. 배드민턴 셔틀콕을 떨어뜨리지 않고 10번 넘게 주고받았다. 나에게는 든든한 가족이 있다.' 등등 크고 작은 성공 경험을 적게 합니다. '맞아! 내가 이런 것도 해냈지?' 쪼그라들었던 아이 마음에 따뜻한 바람이 스며들 거예요.

⑨ 성공 파티

보물지도 만들기의 꽃이라고 할 수 있는 '성공 파티'를 소개합니다. 보물지도에 쓴 꿈들이 모두 이루어졌다고 생각하고 파티를 열어주세요. 이때 정말 보물지도에 적어둔 모든 꿈이 이루어진 것처럼 말하는 것이 중요합니다. "제가 이러저러한 꿈을 이룰 수 있게 도와준 부모님께 감사합니다. 이런 멋진 파티를 열게 되어 영광입니다."와 같이 말하는 거죠. 그럼 참석한 가족들은 "평소 이러저러한 노력을 하더니 결국 꿈을 이뤄냈군요. 꼭 해낼 줄 알았어요. 정말 정말 축하해요!"라는 덕담과 함께 축하 손뼉을 열렬히 쳐줍니다. 당사자는 "감사합니다. 덕분입니다."와 같이 답례의 말을 하고요. 실제로 도서관이나 독서 모임에서 보물지도를 만들고 성공 파티를 열어보면 눈물 흘리는 친구나 어른들을 만나기도 합니다. 이토록 강렬한 경험을 어디서 또 해볼 수 있을까요?

북클럽 멤버 중에 저와 같이 보물지도를 만들고 성공 파티까지 마친 후 자기만의 북클럽 운영, 티하우스 오픈, 출간 기념회 개최, 해외살이 실천, 에어비앤비 사업 시작 등등 꿈을 이룬 사례들을 정말 많이 만날 수 있었습니다. 모두 처음에는 성공 파티에서 자신의 성공을 확신하며 이야기하는 것을 쑥스러워했습니다. 하지만 박수갈채를 받으며 뜨거운 눈물을 흘리셨고 결국 해냈답니다. 가정에서 꼭 이 멋진 경험을 해보길 바랍니다.

성공 파티에서 어떤 말을 하면 좋을지 생각해 보세요.

1) 구체적인 꿈은 무엇이었고 그것을 이룬 시점은 언제였나요?
2) 꿈을 이루는 데 어떤 노력을 기울였나요? 혹시 도움을 준 사람이 있나요?
3) 지금 이 축하 파티에 와 준 사람 중 가장 기뻐하는 사람은 누구이고 감사의 인사를 전하고 싶은 사람은 누구인가요?

이 외에도 꼭 하고 싶은 말이 있다면 적어봅시다. 유명한 잡지나 방송 채널에서 인터뷰 요청이 왔다고 상상하면 좋아요.

⑩ 매일 바라보기

보물지도를 만들고 나서 가장 중요한 일은 잘 보이는 곳에 붙여 두고 수시로 바라보는 것입니다. 인쇄해서 벽에 붙이는 것도 좋고, 컴퓨터나 핸드폰 바탕화면에 넣어 자주 보는 것도 좋습니다. 어떤 형태로든 상관없으니 무조건 자주 보고 생생하게 이루어졌음을 믿게 하는 것이 중요합니다. 보물지도를 만들기만 하고 처박아 놓으면 아무런 소용이 없다는 것 잊지 마세요!

⑪ 질문형 보물지도

아직 자기 삶의 가치나 목표를 세우기 힘든 어린이들은 다음의 질문들에 답해보는 식으로 보물지도를 만들어도 좋습니다. 질문에 답을 한 뒤 1장짜리 보물지도 워크북을 활용해서 보물지도를 완성합니다.

1) 내가 좋아하는 것 10가지를 적어 보세요.
   > 예시답 모험책 읽기, 동물 그리기, 축구하기, 유튜브 영상 보기, 떡볶이 먹기······.

   _____

   _____

2) 가족이나 친구들이 말해주는 나의 장점은 무엇이 있었나요?
   > 예시답 부모님 어깨 안마를 잘 함. 친구들에게 친절하게 말함.

   _____

   _____

3) 1, 2번을 참고하여 나를 꾸며주는 말을 적어요.
   > 예시답 친절하고 모험심이 많은 나

   _____

   _____

4) 꼭 해보고 싶은 것을 적어요.
   > 예시답 내가 만든 이야기로 책 만들기, 모험 떠나기

   _____

   _____

5) 3번을 이루기 위해 하루 한 가지 실천, 오늘의 목표를 적어요.

> **예시 답** 매일 책 읽기, 떠오르는 생각 글로 쓰기, 체력 기르기

_____

_____

6) 나에게 주는 칭찬 한마디

> **예시 답** 나는 참 따뜻하고 재미있어! 늘 가족과 친구들의 응원을 받고 있어!

_____

_____

    질문에 답을 하다 보면 보면 자신이 어떤 사람인지 알게 되고 무엇을 하고 싶은지도 고민하게 됩니다. 위의 내용만으로도 충분히 다음과 같은 보물지도를 완성할 수 있답니다.

나의 첫 보물지도!

1. 나는 이런 사람!
　예) 건강하고 도전적인 예슬이!

_____

2. 하고 싶고 이루고 싶은 것
　　이루고 싶은 꿈 관련 사진이나 그림 넣기

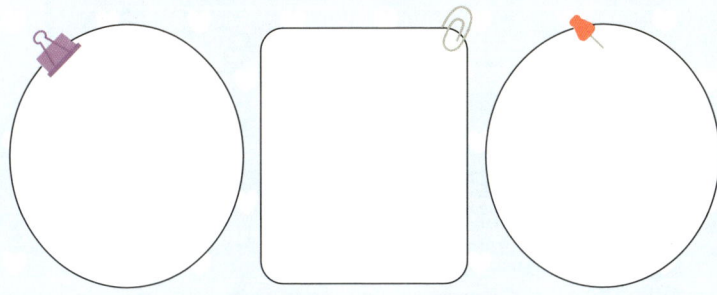

3. 오늘의 미션들

◯ ---------------------------

◯ ---------------------------

◯ ---------------------------

4. 나에게 칭찬과 응원 한 마디

5. 매일 바라보기!
　　잊지마세요 :)

이렇게 적용해요

보물지도

두 아이의 보물지도입니다. 직업을 쓰기보다 본인이 좋아하고 잘하는 일, 하고 싶거나 가고 싶은 곳 등을 자유롭게 펼칠 수 있게 해주세요. 물론 확고한 장래 희망이 있다면 적어도 좋습니다. 주 3회 줄넘기 100번 모둠발 뛰기 등 구체적인 실천 계획은 포스트잇에 적고 목표를 높이거나 수정합니다. 본인의 얼굴을 넣으면 더 실감 나게 받아들이고 재미있어서 자주 보게 됩니다. 보물지도는 자주 바라보는 게 핵심이므로 인쇄하여 냉장고나 벽면에 붙여두세요.

　2021년에 만든 저의 첫 보물지도입니다. 이전에도 버킷리스트나 인생 그래프를 그려본 적은 있지만, 사진과 그림으로 꿈을 시각화한 건 처음이었어요. 당시 척추 질환으로 회복 중이어서 사진 속 자세도 어려워 보였지만, 지금은 건강을 되찾아 바디프로필도 찍고, 강연과 출판 활동도 활발히 하고 있습니다. 적고 보니 대부분 이뤄졌네요. 쓰면 이루어집니다. 보물지도는 거창하지 않아도 됩니다. 아이가 자신의 꿈을 떠올려보는 것만으로도 멋진 시작입니다. 그 시작을 따뜻하게 칭찬해 주세요.

시작 단계

01
플래너 쓰기의 첫 단추

아이에게 처음 플래너를 쓰게 하는 것은 생각보다 쉽지 않습니다. 저희 아들도 "플래너 써 보자!"라고 했더니 굉장히 부담스러워했었습니다. 모든 남자아이에게 해당하는 것은 아니겠지만 남자아이는 대체로 글씨 쓰는 것 자체를 싫어합니다. 만약 저학년이나 유치원생이라면 글쓰기에 익숙하지 않아서 어려움이 생길 것이고요. 어떤 과업을 제시할 때 아이 수준보다 약간 높은 정도는 괜찮지만, 너무 어려우면 흥미를 잃습니다. 아무리 필요하고 좋은 것이라도 아이가 힘겨워하면 옆에서 지켜보는 부모로서 강요하기도 어렵습니다.

결국, 야심 차게 시작해도 며칠 못 가 '작심삼일'로 끝나는 경우가 부지기수죠. 어떻게 하면 아이들이 플래너 작성을 과업이 아닌 즐거운 활동으로 받아들이고 꾸준히 이어갈 수 있을까요?

플래너를 처음 접하는 아이, 특히 초등학교 저학년 아이들에는 플래너 쓰기가 글쓰기 활동이 아니라 즐거운 놀이처럼 느끼게 하는 것이 중요합니다. 스티커 붙이기, 도장 찍기, 컬러링 등의 활동은 이러한 목표를 달성하기 위한 효과적인 방법입니다. 초등 저학년 시기의 아이들은 장시간 집중하기 어렵고, 발달 단계상 추상적인 사고보다 구체적인 조작 활동이 어울립니다. 특히 글쓰기 능력은 개인차가 크기 때문에 복잡하게 기록하는 방식은 흥미를 잃게 만들 수 있습니다. 스티커를 붙이거나 색칠해서 특정 형태를 완성하는 등의 조작 활동은 친숙하고 쉬우며 시각적인 요소도 커서 흥미를 유발할 수 있습니다.

또 목표를 정하는 것에서도 한 번에 여러 가지 목표를 제시하기보다, 아이가 쉽게 달성할 수 있는 작은 목표부터 시작하는 것이 효과적입니다. 예를 들어 스티커 판에 '매일 그림책 1권 소리 내어 읽기'라는 목표를 세우고 성공할 때마다 스티커를 붙여 아이에게 성취감을 느낄 수 있게 할 수 있습니다. 이러한 작은 성공 경험이 반복되면 아이의 '자기 효능감', 즉 '나는 할 수 있다'라는 믿음이 강화됩니다. 스티커 판은 이러한 성공을 시각적으로 보여주어 성취감을 즉각적으로 느끼게 하는 훌륭한 도구입니다. 10개, 20개, 30개 점점 스티커 개수를 늘려가고 목표한 스티커를 채울 때마다 보상을 주어 동기를 강화합니다.

특히 독서에 대한 보상은 책으로 하는 것이 좋습니다. 제 경우 평소 도서관 대출이 어려운 인기 도서를 선물로 사줬습니다. 이는 '독서는 즐겁고 보람 있는 활동'이라는 긍정적인 연상을 강화하고 꾸준한 독서 습관을 만들 수 있습니다. 다만 보상에 대해서는 주의가 필요합니다. 물질적인 보상도 단기적인 동기 부여에는 효과적일 수 있지만, 장기적으로는 활동 자체의 즐거움이나 성취감 같은 내재적 동기를 키우는 것이 중요합니다. 다른 목표에 대한 보상 역시 그 목표의 가치를 높여주는 방식으로 고민해 보는 것이 좋습니다. 예를 들어, '이부자리 정리하기' 목표를 달성했을 때 '깨끗한 방에서 좋아하는 보드게임 함께 하기' 같은 활동으로 연결하는 식으로 말이지요.

이외에도 '매일 연산 1장 풀기', '저녁 식사 후 스스로 양치하기' 등 아이가 쉽게 실천할 수 있는 1~2가지 구체적이고 측정 가능한 목표를 정하고, 이를 꾸준히 실천하는 연습을 합니다. 한번에 너무 많은 목표를 세우면 아이가 감당하기 힘들 수 있어요. 이미 하는 일이지만 스티커를 붙이는 등의 인증 활동은 또 다른 문제거든요. 제가 5년간 독서 습관 챌린지를 운영하며 느낀 점이기도 해요.

같이 북클럽 하는 분들과 책을 읽고 인상 깊은 문장을 글로 나누거나 해당 페이지를 사진으로 찍어서 공유하는 방식으로 매일 인증을 하고 있어요. 독서를 매일 하고 싶어서 참여하신 분들이라 매일 1쪽이라도 읽으려고 애를 씁니다. 그런데 실컷 읽고 인증을 놓치는 경우가 종종 생기더라고요. 그래서 한 달 동안 3번은 인증하지 못해도 이해해 주는 '패쓰권'을 만들기도 했어요. 요즘은 시간이 기록되는 어플(예를 들어서 '타임스탬프' 같은)을 활용하여 날짜를 찍어 두면 주말에 한꺼번에 인증하는 방식도 인정해 줍니다. 결론은, 인증하는 것 자체가 처음 하면 힘들 수 있다는 것이지요.

아이에게 여러 가지 목표를 한꺼번에 제시하기보다는 가장 중요한 일 한두 가지를 먼저 실천하게 하세요. 스티커나 칭찬 도장을 통해 작은 성공을 자주 경험하게 하고 그 습관이 자리 잡은 후에 새로운 목표를 천천히 추가해 나가면 됩니다. 아이가 작은 목표를 매일 실천하고, 그 결과를 플래너에 기록하며, 꾸준함에 자신감을 얻게 되면 점차 더 높은 수준의 자율성과 책임감을 발휘하게 됩니다. 중요한 것은 아이에게 작은 성공 경험을 자주 쌓게 해주는 것, 그것이 플래너 쓰기의 첫 단추입니다.

플래너 쓰기의 첫걸음은 글쓰기가 아니라 놀이처럼 접근해 아이가 작고 구체적인 목표를 스스로 성취하는 기쁨을 느끼게 하는 것입니다.

실천 팁
○ 아이와 함께 오늘 실천할 수 있는 한 가지 작은 목표를 정하세요.
○ 목표를 달성하면 스티커나 도장을 사용해 아이가 직접 표시하게 합니다.

이렇게 적용해요

목표 달력 스티커판

    초등학교 입학 후에는 교과서나 그림책을 활용해 소리 내어 읽는 연습을 하고, 끊어 읽기 지도를 통해 읽기 이해력을 키우는 것이 중요합니다. 이럴 때 제가 활용했던 것이 바로 '목표 달력'입니다. 부모가 그림책을 먼저 읽어주고, 아이가 나중에 혼자 읽은 후 위와 같은 형태의 목표 달력으로 성공 경험을 쌓아가면 좋습니다. 처음에는 7일, 점점 10일, 보름, 30일 등으로 늘려가는 게 좋아요. 처음부터 여러 가지를 하기보다 딱 한 가지만 정해서 실천해 보세요. 1개, 2개, 3개 달성하는 목표가 늘어나는 만큼 아이도 동시에 목표를 세우고 해내는 힘이 길러집니다.

목표 달력 도장판

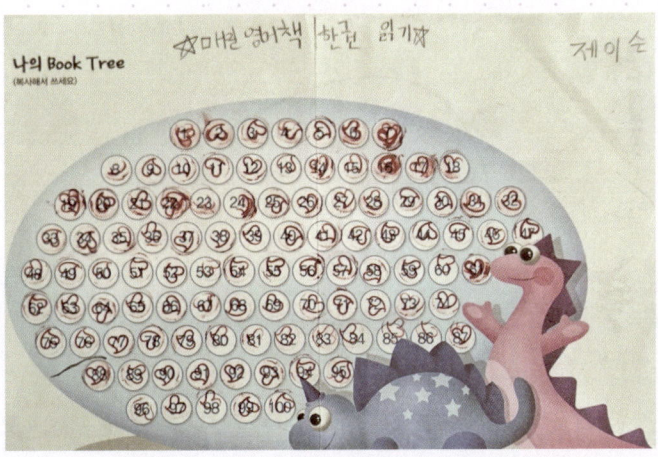

아이가 도장 찍는 것을 좋아한다면 스티커 대신 도장을 찍거나 색연필로 칠해서 완성해도 좋습니다. 중요한 건 도구가 아니라 목표를 정하고 노력해가는 과정입니다. 작은 목표일지라도 30일, 100일을 꽉 채우고 나면 정말 뿌듯하잖아요? 우리 아이들에게도 작은 성공의 경험을 쌓아갈 수 있게 해주세요. 처음부터 너무 난이도가 높거나 분량이 많은 과제를 제시하여 아이가 작심삼일로 그치지 않게 주의해 주세요. 책 1권을 읽는 것도 힘든 아이라면 1쪽만 소리 내어 읽기도 좋습니다. 챌린지 첫 번째 날에는 1문장, 두 번째 날에는 두 문장. 이렇게 늘려가서 어느새 1권을 다 읽는 날이 오도록 해도 좋겠지요?

02
유치원 시기, '플래너'로 생활 습관 만들기

유치원 시기는 아이의 기본 습관을 형성하기에 아주 중요합니다. 이 시기에 아이에게 맞는 플래너를 사용하면 학습에 대한 긍정적인 경험을 심어주고 스스로 배우는 힘을 기르는 데에도 큰 도움이 될 수 있습니다. 4~6세 아이의 발달 단계를 고려하여 플래너를 계획하고 내용을 구성할 때, 시각 요소를 강조하고 간단하게 구성하며 놀이 요소를 추가하는 것이 좋습니다.

앞서 소개한 '목표 달력'도 좋지만 하루 단위로 더 짧게 목표를 세우는 것도 좋습니다. 1~2가지 목표로 시작하는 게 좋고, 학습적인 면에 치우치기보다 '기본 생활 습관 익히기'에 초점을 맞추는 것이 이 시기 교육의 방향성과도 잘 맞습니다.

일반적으로 5세를 기준으로 영아기와 유아기가 나뉘는데, 5세 이전에는 자신의 의견을 말로 표현하는 것이 서툴러 울거나 떼를 쓰는 경우가 많습니다. 반면 5세 이후부터는 의사소통 능력과 자기조절력이 조금씩 자라기 시작합니다. 스스로 옷을 챙겨 입거나 정리하는 행동이 나타나기 시작하지만, 아직 완전하지는 않지요. 그래서 첫 습관 플래너는 이런 능력을 기르는 데에 아주 좋은 도구가 됩니다.

유아는 시각적인 정보에 민감하므로 선명한 색감과 귀여운 그림이 포함된 플래너를 사용하는 것이 좋습니다. 자석 스티커를 옮겨 붙이는 형태나, 장난감처럼 조작할 수 있는 체크리스트 보드도 좋은 방법입니다. 색칠하는 걸 좋아한다면 컬러링북 형태로 만들어서 활용해도 좋습니다. 중요한 건 복잡하지 않고 쉽게 사용할 수 있어야 한다는 점입니다.

예를 들어, 오늘의 기분 체크하기, 하루 3번 양치하기 등 한두 가지 간단한 습관부터 시작해 보세요. 이 시기에 익히면 좋은 습관은 따로 표로 정리해 두었으니 아이의 성향과 일상에 맞는 항목을 골라 가볍게 시작하면 됩니다.

기본 생활 습관	· 스스로 옷 입기 · 양치질하기 · 식사 준비하기(수저 놓기, 테이블 닦기 등) · 정리정돈하기(가지고 논 장난감이나 다 읽은 책 제자리에 놓기 등)

구분	활동 내용
학습 활동	· 그림책 읽기 · 이름과 함께 간단한 자기소개하기 · 오늘의 단어 따라 쓰기, 소리 내어 읽기 · 블록(바둑알) 모으기, 가르기 · 간단한 노래 부르기 · 필기구(연필, 색연필 등) 바르게 잡기
창의력 활동	· 그림 그리기(손톱만큼 그리지 않고 큼직하게 그리기) · 다양한 색으로 색칠하기 · 만들기(가위, 풀 사용하기) · 이야기 만들기
신체 활동	· 밖에서 뛰어놀기 · 공 주고받기 · 줄넘기 모둠발 뛰기 · 간단한 스트레칭하기
감정 표현	· 오늘의 감정 표현하기 · 감사한 일 찾기 · 감사합니다. 미안합니다. 인사말 익히기

유치원 시기에는 놀이처럼 재미있게 접근하는 플래너 활동을 통해 아이의 첫 생활 습관을 자연스럽게 길러주세요.

실천 팁

○ 오늘 실천할 수 있는 생활 습관 하나를 아이와 함께 정하고 완료하면 스티커나 색칠로 시각적으로 표현해 주세요.
○ 아이가 쉽게 실천할 수 있는 1~2가지 목표만 정하고 성공했을 때는 바로 칭찬해 주세요.
○ 자석판, 컬러링북, 체크보드 등 놀이형 도구를 활용해 플래너를 재미있는 놀이처럼 느끼게 해 주세요.

플래너 쓰기의 첫걸음은 글쓰기가 아니라
놀이처럼 접근해 아이가 작고 구체적인 목표를
스스로 성취하는 기쁨을 느끼게 하는 것입니다.

이렇게 적용해요

자석 양치판

　유치원 시기에는 30일 목표 달력보다 자석 놀이처럼 즐길 수 있는 보드판으로 시작하는 것도 좋습니다. 저는 다이소에서 자석 테이프를 사다가 칫솔 그림 뒷면에 부착하여 바로 옮길 수 있게 만들어주었습니다. 잘 보이는 곳에 양치판을 만들어 두면 하루 3번 양치를 잘했는지 한눈에 알아볼 수 있어요. 또 아이가 자석 놀이를 하는 것으로 여기게 되어 이 행위 자체가 즐거움이 되기 때문에 따로 보상하지 않아도 되더라고요. 그렇다고 해서 하루 3번 양치한 노력을 그냥 스쳐 지나지는 말아 주세요. 즉각적인 보상으로 가장 좋은 것은 칭찬의 한마디랍니다. "우와~ 오늘 양치 3번 다 했네! 나쁜 세균들이 사라졌겠다. 정말 대단해!"라고 하면서 머리를 쓰다듬어주거나 안아주세요.

투두리스트

　최근에 이런 형식의 투두리스트 제품들이 시중에 나와 있습니다. 다이어리형 플래너에 정착하지 않았거나, 이제 막 플래너를 쓰기 시작하는 가정에는 이런 형태의 체크리스트로 시작하는 것도 좋습니다. 할 일을 완료했을 때 버튼을 옆으로 쓱 밀어주기만 하면 되어서 간편하게 활용할 수 있어요. 할 일의 완료 여부도 한 파악하기 쉬워요. 체크리스트 항목을 직접 적을 수 있는 여분의 용지도 들어 있는 것도 장점입니다. 들어 있는 용지를 다 쓰고 나면 직접 종이를 잘라서 써도 되는 형식이죠.

03 플래너를 대하는 부모의 자세

　처음부터 아이가 플래너를 혼자서 꾸준히 활용하는 건 쉽지 않습니다. 그래서 이 시기에 부모의 역할이 무척 중요합니다. 감독관이나 지시자가 아니라, 아이의 학습 파트너로서 함께 플래너를 채워가고, 매일의 실천을 응원하는 존재가 되어야 합니다. 각자의 플래너를 따로 쓰는 것도 좋지만 이 글에서는 자녀의 플래너 쓰기에 집중해 이야기하려 합니다. 스티커를 붙이거나 체크리스트를 활용하든, 일반적인 형식의 플래너든 처음에는 부모가 함께 작성하고 점검하는 시간이 꼭 필요합니다. 이때 실행 목표는 일방적인 지시가 아닌 아이와 대화하며 함께 정해보세요.

×	오늘부터 독서 30분 하자!	일방적인 지시나 명령
O	우리 조금씩 좋은 습관을 쌓아가면 좋겠어. 다양한 습관이 있는데 어떤 것부터 해볼까?	다양한 활동 목록 제시

이처럼 다양한 활동 목록을 제시하며, 아이의 선택을 기다려주는 태도가 필요합니다. 운동, 식습관, 학습, 집안일, 여가 시간, 스마트폰 사용, 수면 습관 등 일상에서 자주 등장하는 주제들에 대해서도 말투를 바꾸는 연습이 필요합니다. 아래 표는 말습관을 전환하는 데 도움이 되는 예시입니다.

항목	명령형 표현	공감형/제안형 표현
운동	"매일 아침 30분씩 운동해!"	"요즘 몸이 좀 찌뿌둥한데, 같이 가볍게 움직여 볼까? 산책도 좋고, 스트레칭이나 유튜브 영상 따라 하는 것도 괜찮을 것 같은데, 어떤 게 좋을까?"
식습관	"밥 먹을 때 채소는 무조건 먹어."	"건강하게 먹으려고 노력하면 좋겠는데, 저녁에 채소를 좀 더 먹어볼까? 어떤 요리나 채소가 좋을지 같이 찾아보자. 저번에 외할머니댁 갔을 때 초장 찍어서 브로콜리 잘 먹었던 거 같은데 이건 어때?"
학습 또는 자기계발	"영어 단어 하루에 50개씩 외워."	"새로운 걸 배우면 성취감도 있고 좋을 것 같아. 요즘 관심 가는 분야 있어? 저번에 해외여행 가보니까 영어를 잘해야겠다는 생각이 들더라. 같이 영어 애니메이션 찾아 볼까?"
집안일	"네 방부터 청소해."	"집안일이 좀 쌓였네. 같이 하면 금방 끝날 텐데, 어떤 것부터 같이 해볼까? 분담 방법을 이야기해 볼까?"
여가 시간 활용	"주말에는 다 같이 보드게임 해야지."	"이번 주말에 같이 재미있는 시간을 보내고 싶은데, 뭘 하면 좋을까? 영화 보기, 공원 가기, 아니면 집에서 맛있는 거 만들어 먹기? 혹시 원하는 거 있어?"

스마트폰 사용	"이제 스마트폰 그만 봐!"	"스마트폰을 하다 보면 시간이 훌쩍 갈 때가 있지. 엄마도 그렇더라. 스마트폰 말고 다른 재미있는 활동은 없을까?"
기상 및 취침 시간	"내일부터 무조건 7시에 일어나!"	"일찍 자고 일찍 일어나면 하루를 더 개운하게 시작할 수 있을 것 같아. 우리가 몇 시쯤 자고 일어나는 게 좋을지 같이 이야기해 볼까? 당장 바꾸기 어렵다면 조금씩 시간을 조절해 보면 좋겠어."

어느 날 학교를 마치고 돌아오지 않는 둘째를 찾아 나선 적이 있습니다. 아파트 놀이터에서 친구들과 신나게 놀고 있던 아이에게 이렇게 물었어요.

"할 거 다 하고 노는 거야?"

그때 옆에 있던 아이 친구가 말했습니다.

"저희 엄마랑 똑같은 말씀 하시네요!"

그 말을 듣고 한참 웃었죠. 엄마들의 마음은 다 똑같은 거죠. 사실 친구랑 잠깐 노는 건 괜찮은데, 그땐 저도 모르게 따지듯 묻게 되었어요. 그런데 플래너를 쓰기 시작하면서 변화가 생겼습니다. 아이가 해야 할 일을 스스로 해내는 모습을 자주 보게 되니까 저 역시 아이를 더 믿게 되었습니다.

'지금 30분 논다고 해도, 결국 할 건 다 하겠지.'

이런 마음이 생기니, 저도 좀 더 허용적인 엄마가 되었습니다. 궁극적으로 서로에게 믿음이 쌓이니까 자녀 교육을 할 때도 내 아이의 속도와 성향을 인정하고 받아들이게 되어 불안한 마음도 없어지게 되었어요.

처음엔 부모의 노력이 많이 필요하지만 점차 익숙해지면 아이 스스로 학습 분량을 조절하거나 새로운 활동을 추가하는 여유도 생깁니다. 저희 아이들은 주 3회 화상 영어 수업을 듣고 있는데요, 선생님이 알려준 영어 노래나 게임 사이트 중 재미있던 활동을 따로 플래너에 적기도 합니다. 여가 시간이 생기면 그 활동을 다시 하거나, '영어 게임'처럼 직접 활동을 적고 추가 보상금을 받기도 합니다.

이처럼 플래너 쓰기는 단기간에 완성되는 습관이 아닙니다. 부모의 꾸준한 격려와 지지를 받으며 점차 변화가 나타납니다. 아이가 계획을 지키지 못하거나 힘들어할 때는 비난 대신 아이의 어려움을 이해하고 함께 해결책을 찾는 것이 중요합니다. 계획이 너무 빡빡했다면 다음에는 여유 있게 계획하도록 돕거나, 특정 과목에 어려움을 느낀다면 함께 공부 계획을 세우는 등 아이에게 필요한 도움을 주는 식이지요.

"엄마, 아무래도 신문 읽기는 매일 하기 힘든 것 같아요. 평일에는 화·목, 주말에는 두 번 해서 총 네 번으로 줄이면 어떨까요?

실제로 저희 첫째가 자기 계획을 수정하며 제안했던 말입니다. 플래너를 꾸준히 쓰다 보면 아이 스스로 학습량과 시간 관리를 터득해 나갔습니다. 플래너는 아이가 자기주도학습 능력을 키우고 독립적인 학습자로 성장하는 발판이 됩니다.

플래너는 아이의 성장 과정을 살펴보는 일종의 포트폴리오가 됩니다. 스티커만 붙이던 아이, 도장만 찍던 아이였는데 어느 순간 플래너에 하나둘 실행 목표를 늘려가며 실천해 나가는 모습이 얼마나 기특한지 모릅니다. 아이는 알아차리지 못하는 작은 변화를 부모는 예민하게 포착할 수 있습니다. 이럴 때 부모는 아이의 든든한 지원자로서 칭찬과 격려를 아끼지 않아야 합니다.

초등 저학년 담임 시절, 매일 알림장에 다정한 글을 써주던 학부모님이 계셨습니다. 하루 동안 있었던 일에 대한 격려와 칭찬, 작은 성장을 놓치지 않는 세심함이 담긴 글이 아이에게 얼마나 큰 힘이 되었을까요? 학부모가 되어보니 그 정성과 노력이 얼마나 대단한 것인지 알 수 있었습니다. 알림장을 펼쳐보기도 어려운 날들이 많았던 엄마의 입장에서 말이지요. 그 아이는 당연히 반에서 모범이 되는 아이였습니다. 어린 나이였지만 배려심이 깊고 다방면에 호기심이 많으며 성실했거든요.

선행 학습이나 사교육보다 중요한 건 가정에서 부모가 보여주는 일상의 태도입니다. 아이의 성장을 기뻐하며 긍정적인 피드백과 격려를 아끼지 않는다면 아이는 스스로 계획을 세우고 실천하는 능력을 키워나갈 것입니다. 매일은 어렵더라도 1주일에 한 번, 1달에 한 번이라도 아이의 플래너를 꼼꼼히 살펴보고 지금까지의 성장에 대해 칭찬하고 앞으로 펼쳐질 미래를 따뜻하게 응원해 주세요.

부모의 말 한마디, 함께하는 태도 하나가
플래너를 통해 아이의 자율성과 성장을 이끄는
핵심 열쇠가 됩니다.

이렇게 적용해요

부모 피드백

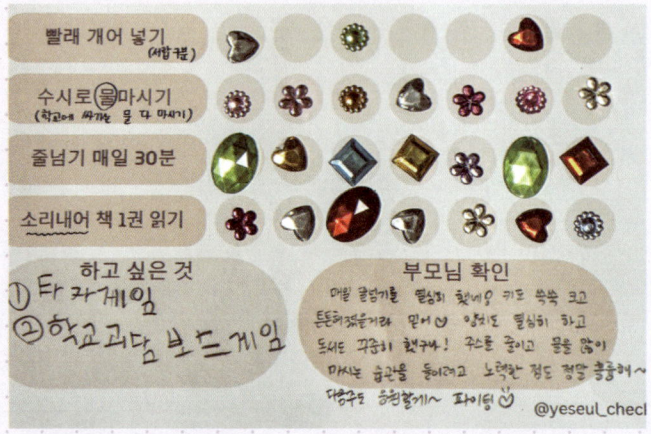

　자녀의 플래너에 매일 피드백을 주는 건 쉽지 않은 일이에요. 하지만 주 단위나 월 단위로 피드백 해주는 것은 조금만 노력한다면 가능하답니다. 아이의 활동 기록을 보고 솔직한 생각을 들려주는 겁니다. 저는 주스와 같은 단 음료만 마시려는 아이에게 '물 마시기' 습관을 들여주고 싶어서 '학교에 싸 가는 물통의 물 다 마시기' 과업을 주었어요. 그것을 잘 해낸 아들에게 칭찬의 말을 써주었고요. 더 노력해야 할 습관에 대해서도 어떻게 하면 좋을지 꿀팁을 남기거나 피드백에 직접 써주면 좋아요.

구체적인 실행 목표

빛나는 제이슨의 하루 성장일지
나는 날마다 모든 면에서 점점 나아지고 있다!

연도/달
동그라미 갯수

매일 꾸준히!	1	2	3	4	5	6	7	8	9	10	11	12
독서 30분												
글쓰기 10문장 주 3회												
연산 1장												
수학 기본 2장												
한자 5단어												
독해 1장												
영어 낭독 1권												
영단어 매주 30개												

실행 목표를 적을 때는 단순히 '숙제하기', '문제집 풀기'가 아니라, 구체적이고 현실적인 목표를 세우는 것이 좋습니다. 예를 들어, 매일 수학 연산 1장 풀기, 매일 독서 30분 하기, 주 3회 한자 공부하기 등 숫자를 넣는 것입니다. 또 아이가 좋아하는 활동이나 쉬는 시간도 포함하여 균형 있는 계획을 세울 수 있도록 돕습니다.

04
우리 아이 성향별 맞춤 플래너

놀이를 하든 공부를 하든 아이마다 성격과 선호도가 다르다는 점은 늘 염두에 두어야 하는 사실입니다. 이 플래너라는 도구 역시 마찬가지예요. 성격의 다양함은 굉장히 넓고 깊지만 크게는 외향적인가 내향적인가, 꼼꼼한 편인가 아닌가, 또는 특정 감각이나 관심사가 있는가에 따라 아이에게 맞춘 플래너 구성이 가능합니다. 성향에 맞는 플래너는 아이의 동기를 끌어내고 몰입도를 높이는 데 큰 도움이 됩니다. 단순히 '해야 할 일'을 나열하는 도구가 아니라, 아이가 '하고 싶은 일'로 받아들이게 되는 것이죠.

1) 외향적인 아이 vs 내향적인 아이
심리학자 칼 융은 인간의 성향을 외향성과 내향성으로 구분했습니다. 이 구분은 아이의 에너지 충전 방식과 사회적 상호작용에 많은 영향을 줍니다. 외향적인 아이들은 외부 자극과 사람들과의 접촉을 통해 활력을 얻습니다. 예를 들어, 친구들과 놀거나 그룹 활동에 참여할 때 더 즐겁고 집중력이 높아집니다. 이런 아이들은 다른 사람과의 대화나 협력에서 에너지를 충전하며, 사회적 상황에서 자기 생각을 적극적으로 표현하는 경향이 있습니다. 반면, 내향적인 아이들은 사람들과의 접촉이 많을수록 에너지가 소진됩니다. 이런 아이들은 조용한 환경에서 혼자 몰입하는 활동에 더 편안함을 느끼지요. 예를 들어, '가족과 이야기 나누기'는 괜찮을 수 있지만, '친구 5명과 파티하기'는 부담스러울 수 있어요.

물론 초등 연령대의 아이들은 외향성과 내향성이 혼재되어 있기도 하므로 단정 짓기보다 유연하게 접근하는 것이 중요합니다. 다음 내용을 참고하며 아이에게 맞는 방향으로 플래너 구성을 조금씩 조정해 보세요.

외향적인 아이들은 사람들과의 상호작용에서 동기를 얻습니다. 영국 심리학자 아이젠크의 연구에 따르면 외향적인 성격은 새로운 경험, 소음 등 외부 자극을 선호하며 사회적 보상을 통해 행동이 강화됩니다. 이런 아이들을 위해 플래너에 '친구와 함께 숙제하기', '가족과 함께 산책하기' 같은 목표가 들어가면 이 과정 자체가 재미있고 보상이 됩니다. 또한, 플래너에 '칭찬 스티커'를 붙이거나 부모님이 '잘했어!'라는 피드백을 기록할 수 있는 칸을 만들어주는 것도 효과적입니다.

반면, 내향적인 아이들은 조용하고 독립적인 환경에서 집중력이 높아집니다. 수전 케인의 책 『콰이어트』에서는 내향적인 사람들은 내부 성찰과 깊은 집중을 통해 만족감을 얻는다고 설명합니다. 내향적인 아이들에게는 '책 읽기 30분', '그림 그리며 생각 정리하기', '감정 일기 쓰기'와 같은 조용한 몰입 활동 중심의 목표를 설정해 보세요. 플래너 디자인도 화려한 장식보다는 단순하고 차분한 스타일이 더 잘 맞습니다.

2) 예민한 아이 vs 둔감한 아이

미국 심리학자 제롬 케이건은 그의 저서 『성격의 발견』에서 "세상에 똑같은 성격은 하나도 없다"라고 말합니다. 그만큼 기질은 다양하지요. 이 중에서도 예민하고 세심한 아이와 둔감하고 털털한 아이는 플래너를 활용하는 방식에서도 큰 차이를 보입니다.

예민하고 꼼꼼한 아이는 세부 사항에 민감하게 반응하며 완벽주의적인 경향을 보이기도 합니다. 이런 아이에게는 '숙제하기'보다는 '수학 문제 10개 풀기'처럼 구체적인 숫자와 단계가 들어간 목표가 좋습니다.

예시
- 플래너 쓰기 → 체크하면서 할 일 하기 → 부모님께 보여주기
- 색깔 펜 구분해서 쓰기
- 체크박스, 스티커 등 세부 조작 활동 포함하기

"대충 이렇게 해"보다는 처음부터 세밀하게 해야 할 것을 알려주고 함께 정하는 것이 아이의 불안감을 낮추고 자기 효능감을 높여줍니다.

반대로 둔감하거나 털털한 아이들은 큰 그림을 선호하며 지나친 세부 사항에 부담을 느낄 수 있습니다. 단순하고 유연한 플래너가 더 적합합니다.

예시
· 활동에 번호 부여하기: '1번 – 수학 한 장', '2번 – 일기 쓰기'
· 자유롭게 그리고 쓸 수 있는 칸 만들기
· 규칙보다 재미와 자율성 중심

지나친 규칙이나 꼼꼼함은 오히려 아이의 동기를 떨어뜨릴 수 있습니다. 플래너의 빈칸에 자유로운 스케치 공간이나 '하고 싶은 일' 칸을 추가해 창의성과 유연함을 인정해 주세요. 아이가 스스로 목표를 정하거나 표현할 수 있는 공간을 열어주는 것이 중요하지요.

3) 감각적 특성이나 관심사 중심의 맞춤형 플래너

하워드 가드너의 '다중지능 이론'에 따르면, 인간은 언어·수학·공간·운동·음악·자연·자기이해·대인관계 등 다양한 지능 영역을 가지고 있으며, 개인마다 강점이 다릅니다. 이런 강점을 플래너 구성에 반영하면 아이의 몰입과 만족도가 훨씬 높아집니다. 예를 들어 시각적 자극에 민감한 아이들은 색상, 이미지, 패턴에 강하게 반응합니다. 그러므로 다양한 색깔의 펜과 스티커를 사용해 플래너를 꾸미게 하면 굉장히 몰입합니다. '빨간색은 숙제', '파란색은 취미'처럼 색상별로 카테고리를 구분하거나, 목표 달성 시 화려한 스티커(별, 동물 등)를 붙이는 보상 시스템을 도입해 보세요. 한 달 동안 플래너를 잘 썼을 때 문구점에서 원하는 스티커를 선물로 주는 것도 좋습니다. 또한, 그림 그리기 공간을 만들어 '오늘 기분'을 시각적으로 표현하게 하면 감정 관리에도 도움이 됩니다. 물론 너무 많은 색상이나 복잡한 디자인은 주의 분산을 일으킬 수 있으니, 아이와 함께 적정 수준을 조율하는 과정이 필요합니다.

만약 운동을 좋아하는 아이들이라면 어떻게 플래너를 활용할 수 있을까요? 이들은 몸을 움직이며 학습할 때 더 높은 만족감을 느낍니다. 플래너에 학습적인 내용만 적을 것이 아니라 '줄넘기 50번 하기', '20분 뛰기' 같은 신체 활동 목표를 포함하는 게 좋습니다. 나만의 운동 루틴을 만들어 '아침 스트레칭 → 점심 후 산책 → 저녁 자전거 타기'처럼 하루를 활동적으로 구성하면 집중력도 향상됩니다. 이런 아이들에게는 학습을 다 마치고 '부모님과 배드민턴 치기' 등의 가족 운동 시간을 보상으로 설정하는 것도 좋은 동기 부여가 됩니다.

결국 플래너는 아이와 부모가 함께 만들어가는 도구입니다. 아이의 성향은 단정할 수 있는 것이 아니기에, 수시로 대화하고 관찰하며 조정해 나가는 과정이 필요합니다.

"너는 친구와 노는 게 좋니, 혼자 책 읽는 게 좋니?"

이런 질문을 가볍게 던져보세요. 아이의 기질은 자라면서 조금씩 변하기도 하니까요. 한 가지 팁은 제시한 유형을 1주일씩 먼저 해보는 것입니다. 실사용 후 아이의 반응을 반영해 조정하면서 아이와 함께 플래너를 발전시켜 나가면 됩니다. 플래너는 단순한 '일정표'가 아닙니다. 아이의 개성과 성장을 담아내는 포트폴리오입니다. 모든 아이는 다르고, 그 다름을 인정하고 이해하는 것이 바로 교육의 시작입니다.

> 아이의 성격과 기질에 따라 플래너를 맞춤 설계하면 해야 할 일이 '하고 싶은 일'로 바뀝니다.

실천 팁
- **외향적인 아이**: '함께하는 활동' 중심으로 구성하고 칭찬과 피드백을 시각화하세요.
- **내향적인 아이**: 혼자 몰입할 수 있는 조용한 활동과 단순한 디자인의 플래너가 좋습니다.
- **예민한 아이**: 세부 단계를 나누고 색깔, 체크리스트 등 구조화된 형식을 제공해 보세요.
- **둔감한 아이**: 규칙보다 자유로움을, 복잡함보다 간결함을 중심으로 구성하세요.
- **감각/흥미 기반 아이**: 색, 스티커, 활동, 운동 등 아이가 좋아하는 요소를 플래너에 반영해 주세요.

▶ 아이의 반응을 보며 1~2주 단위로 해보고 피드백을 반영해 플래너를 계속 조정해 나가세요.

05 초등학생의 플래너 사용법

초등학생 시기는 유치원생과 달리 학업적 요구가 본격적으로 시작되며 이 시기에는 자기 관리와 시간 관리 능력을 기르는 것이 중요한 과제이지요. 이 시기에 플래너는 단순한 일정표를 넘어 학습 동기를 높이고 과목별 특성에 맞춘 공부법을 익히며, 스스로 계획을 세우고 실천하는 습관을 기르는 도구로 활용할 수 있습니다. 초등학생용 플래너에서 기억해야 할 핵심 원칙은 다음 네 가지입니다.

1) 시각적인 매력은 여전히 유효

초등 저학년, 혹은 아이의 취향에 따라 고학년이라 해도 선명한 색상과 그림이 여전히 효과적입니다. 하지만 유아기와는 달리 조금 더 구조화된 디자인이 필요해집니다. 시간표를 플래너에 포함시키거나 과목별 색상을 다르게 구분하는 것도 좋은 방법입니다. 아이들이 좋아하는 스티커, 도장, 마스킹테이프, 색 볼펜, 형광펜 등 문구류를 적극 활용하면 플래너 쓰는 시간이 즐거운 놀이처럼 느껴질 수 있어요.

2) 자율성과 책임감을 함께 길러주는 플래너

아이 스스로 하루의 과업을 정하고 그것을 직접 해결해 가는 과정에서 책임감을 기를 수 있습니다.

또한 하고 싶은 일을 자유롭게 정하고 실천해 보는 경험은 자율성을 자라나게 하지요. 이외에 스스로 하고 싶은 것을 정해서 실천하는 활동을 통해 자율성을 기를 수 있어요. 부모님이나 형제자매, 또는 친구에게 어떤 놀이나 활동을 해보자고 권유하고 함께하는 과정에서 창의성과 협동심이 길러지기도 합니다.

3) 목표는 작게, 구체적으로 나누기

'숙제하기'보다는 '수학 문제 10개 풀기', '국어 독해 2쪽'처럼 작고 명확하게 나누어 기록하게 도와주세요. 하루에 너무 많은 과제가 쌓이지 않았는지도 함께 점검해 줍니다. 다음의 표는 초등학생들에게 권하는 과목별 공부량과 공부 시간입니다. 모든 아이에게 동일하게 적용할 수 없으니 아이의 수준에 맞춰서 천천히 늘려주세요.

	독서/글쓰기/국어	수학	영어	사회, 과학	총 시간
1학년	읽어주기 15분/ 2학기부터 필사 한 문장 + 생각 1문장 쓰기 혹은 그림일기 쓰기 5분 (교과서 낭독도 좋음)	연산 5분(1장~2장), 교과서 진도공부 5분	영어 책 읽어주기 5분, 영어 영상(공부 시간에서 제외)		학습 20분 전후
2학년	읽어주기+낭독 20분, 3줄 글쓰기(익숙해지면 5줄) 5분	연산 5분(2장), 교과서 진도 5분	영어 책 혼자 읽기 10분, 영어 영상(공부 시간에서 제외)	교과서 백지 복습(배운 내용 떠올려 써 보기) 각 5분	학습 30분 전후
3학년	읽어주기+혼자 읽기 30분(학습만화 제외), 주제 글쓰기 10분				독서 30분, 학습 40분 전후
4학년		연산 5분(2장), 교과서 진도 5~10분 (아이에 따라 심화 문제집 추가 5분)			독서 30분, 학습 50분 전후
5학년	혼자 읽기 40분, (읽어주기 이어가되 독서 시간 포함하지 않음) 논리적인 글쓰기, 보고서 등 15분	연산 5분(2장~3장), 교과서 진도공부 10분, 심화/선행 10분	영어 책 혼자 읽기 10분, 영어 글쓰기 5분, 영이 영상 (공부 시간에서 제외)		독서 40분, 학습 1시간 전후
6학년	혼자 읽기 40분, (읽어주기 이어가되 독서 시간 포함하지 않음) 논리적인 글쓰기, 보고서 등 20분		영어 책 혼자 읽기 20분, 영어 글쓰기 20분, 영어 영상 (공부 시간에서 제외)		독서 40분, 학습 1시간 30분 전후

초등 과목별 공부법, 공부량, 시간

주어진 공부 시간은 최소 시간으로 생각하면 됩니다. 한 번에 1시간을 앉아 있기란 어른들도 힘듭니다. 20분 학습 후 5~10분을 쉬는 식으로 구성해 보세요. 그리고 점점 25분, 30분으로 늘려봅니다. 초등학교 수업 시간은 1교시당 40분입니다. 중학교는 45분, 고등학교는 50분이지요. 그러니 초등학생이라면 한 번 앉아서 공부할 때 40분이 넘어가지 않는 범위 내에서 연습하면 됩니다. 다만 초등학교 저학년의 경우 학교에서 40분 내내 앉아서 학습하는 것이 아니라 다양한 활동을 하기 때문에 가정에서 공부할 때는 20분 정도를 집중 시간으로 생각해 주세요. 고학년의 경우 50분까지 집중해서 학습할 수 있도록 격려하면 중고등학교 때 수월합니다. 또 플래너에는 시간 단위보다 '공부량'으로 적는 것이 좋습니다. '연산 20문제 풀기' 혹은 '문제집 1장 풀기'처럼요. 아이마다 걸리는 시간이 다르므로 옆의 표는 참고하되 초등 시기에 '독서' 시간만큼은 꼭 지켜주세요. 타이머를 맞추고 순수하게 책을 읽은 시간 재기, 학습만화는 읽기 시간에서 제외하는 것이 핵심입니다. 초등 고학년은 여력이 된다면 독해 문제집도 1~2장 풀어보길 권합니다.

마지막은 보상 시스템입니다. 스티커, 체크 표시, '잘했어요' 칸 등을 활용하여 스스로 다 해냈을 때 해당 활동을 하며 성취감을 느낄 수 있게 합니다. 내적인 보상을 주는 것이지요. 또 습관이 형성될 때까지 외적 보상도 함께 주는 것이 좋습니다.

4) 내적·외적 보상이 함께하는 보상 시스템

아이 스스로 해냈다는 기쁨을 느낄 수 있도록 스티커 붙이기, 체크박스 표시, 칭찬 한마디 적기 등을 활용해 보세요. 이런 내적 보상은 성취감을 높이는 데 효과적입니다. 또 습관이 형성될 때까지 외적 보상도 함께 주는 것이 좋습니다.

예시
- 스티커 10개 모이면 좋아하는 책 한 권 선물
- 플래너 일주일 연속 작성 시 '가족과 보드게임 1회' 보상

이처럼 보상은 단순히 기쁨을 주는 것에 그치지 않고 아이에게 목표 달성의 즐거움과 의지를 키워주는 도구가 됩니다.

초등 플래너는 시각적 재미와 실천 습관을 연결하는 다리입니다.
작은 성취가 큰 자신감이 되도록 도와주세요.

실천 팁
- ○ 아이가 좋아하는 문구류를 플래너에 활용해 보세요.
- ○ '오늘의 할 일'에는 스스로 정한 항목 한 가지도 넣어 자율성을 길러주세요.
- ○ '숙제하기 → 수학 문제 10개, 일기 쓰기'처럼 큰 목표는 작은 단계로 나눠주세요.
- ○ 성취 시 즉각적인 피드백(스티커, 칭찬 문장, 미니 보상 등)을 주면 효과가 큽니다.
- ○ 일주일 단위로 플래너를 함께 되돌아보며 "이건 참 잘했네", "이건 다음에 좀 더 여유 있게 하자" 등 함께 조율하는 습관을 만듭니다.

06 초등학생을 위한 학습 환경 만들기

　초등학교에 입학하면 아이의 생활 패턴과 학습 습관이 크게 변합니다. 유치원 시절의 놀이 중심 환경에서 벗어나 본격적인 학업이 시작되면서, 집에서도 학습을 뒷받침할 수 있는 공간이 필요해지지요. 꼭 비싼 학군지로 이사하거나 값비싼 학원에 보내지 않아도 됩니다. 우리 집을 아이에게 맞춘 학습 공간으로 조금만 조정해도 충분히 효과적인 학습 환경이 될 수 있습니다.

　15년 차 초등학교 교사이자 두 아이의 부모로서, 실제 경험을 바탕으로 한 실용적인 환경 구성법을 소개하겠습니다. 참고로 집에는 아이들이 TV 액정을 번갈아 깨뜨리는 바람에 뜻밖에 'TV 없는 집'이 되었지만 여러분에게는 꼭 그런 선택을 권하진 않습니다. 중요한 것은 지금 우리 집에서 시작할 수 있는 현실적인 변화입니다.

아이 방을 학습 공간으로 꾸미는 법

아이 방을 학습 공간으로 꾸밀 때 가장 먼저 고려해야 할 것은 아이가 편안하게 느끼는 '자기만의 공간'을 만들어주는 것입니다. 책상은 햇볕이 잘 드는 창가 근처에 두는 것이 좋지만, 창문이 바로 앞에 있으면 외부 시선에 주의가 분산되기 쉬우므로 창을 옆에 두는 배치가 더 효과적입니다. 의자는 등받이가 있고, 높이 조절이 가능한 제품이 좋습니다. 초등학생은 하루 평균 1~2시간 정도 책상에 앉아 있으므로 앉았을 때 발이 바닥에 안정적으로 닿는지도 꼭 확인해야 합니다. 발이 허공에 떠 있으면 집중력이 흐트러지기 쉬우므로 발 받침대를 별도로 두거나, 받침 기능이 있는 의자를 선택하는 것도 좋은 방법입니다.

책상 위가 어지럽게 흩어져 있으면 아무래도 산만해지기 쉽습니다. 학습지나 필기구가 쌓이지 않도록 책상 옆에 작은 서랍이나 선반을 두고, 필요한 교재만 꺼내놓도록 유도해 주세요. 시각적으로 깔끔한 환경이 집중력을 높이고, 동시에 정리 습관도 함께 길러집니다. 저학년이라면 스티커 라벨을 붙여보는 것도 재미있는 정리 방법이 될 수 있어요.

벽에는 아이가 좋아하는 캐릭터 포스터나 그림, 역사 연표, 긍정 확언 등을 붙여 보세요. 흥미와 학습, 자존감까지 챙길 수 있고 무엇보다 '내 공간'이라는 애착을 느끼게 됩니다. 다만 너무 많은 것을 붙이면 오히려 산만해질 수 있으니 2~3개 정도로 간결하게 꾸며주는 것이 좋습니다. 책상 옆에 화이트보드를 두는 것도 추천합니다. 그때그때 떠오르는 생각이나 질문 등을 적어두면 플래너와 연계해 자기 주도성을 키울 수 있습니다. 이해되지 않는 내용을 정리하며 공부하는 데에도 유용하게 사용할 수 있어요. 설명하듯 써보는 습관은 자기 주도 학습에도 큰 도움이 됩니다.

거실을 공부방으로 활용하기

아이 방이 따로 없거나, 저학년이라 혼자 있는 걸 불안해하는 아이의 경우에는 거실을 학습 공간으로 활용하는 것도 좋은 방법입니다. 작은 책상이나 접이식 테이블을 두고, 이동식 파티션이나 러그로 공간의 경계를 설정하면 '이곳은 공부하는 곳'이라는 인식이 자연스럽게 자리 잡게 됩니다. 거실은 온 가족이 함께 머무는 공간이기 때문에, 책을 읽거나 공부하며 대화도 나눌 수 있어 가족 간의 유대감을 더욱 높이는 계기가 되기도 하지요.

TV가 있는 거실이라면 사용 규칙을 정하는 것이 중요합니다. 아이가 공부할 때 부모도 TV를 끄고 함께 책을 읽거나 조용한 활동을 하는 모습을 보여주면, 자연스럽게 집중하는 분위기가 형성됩니다. 예를 들어 영어 애니메이션을 20분 시청한 후, 아이에게 인상 깊었던 장면을 이야기하게 하거나 새롭게 배운 단어를 플래너에 적도록 유도해 보세요. 이렇게 하면 TV도 단순한 오락을 넘어 학습 도구로 변신할 수 있습니다.

집중력을 높이는 학습 시간 관리법

초등학생의 1교시 수업 시간은 40분이지만 특히 저학년 아이들에게는 20~25분 정도가 적절한 집중 시간입니다. 이럴 때 활용하면 좋은 것이 바로 '뽀모도로 기법'입니다. 이탈리아의 경영 컨설턴트 프란체스코 시릴로가 고안한 시간 관리법으로, 25분 동안 집중하고 5분간 휴식하는 것을 1세트로 반복하며 집중력을 유지하도록 돕는 방식입니다. 네 세트를 마친 뒤에는 15~30분 정도의 긴 휴식을 갖게 되는데, 이 리듬이 아이에게 무리 없는 학습 흐름을 만들어 줍니다. 하지만 아이에 따라 10분이나 15분 등 더 짧은 시간을 집중 시간으로 정해도 좋습니다. 차츰 늘려는 것이지요. 시간 관리 도구로는 '구글 타이머'나 '시각 타이머' 앱을 활용해 보세요. 빨강, 파랑, 녹색 등 눈에 띄는 색상이 점점 줄어드는 모습을 시각적으로 보여주는 방식이라 일반 시계보다 아이들에게 더 효과적입니다.

구글 타이머는 책을 읽거나 연산 문제집을 풀 때 도움을 줍니다. 학습만화를 제외한 스스로 읽기 시간을 잴 때 이 타이머를 활용하면 좋습니다. 연산의 경우 빠르고 정확하게 푸는 연습을 하기 위해 타이머를 활용합니다. 1쪽당 문제 난이도나 양이 따라 다르므로 몇 분 안에 풀라고 정해주긴 어렵습니다. 하지만 아이가 평소 푸는 문제집으로 1쪽당 걸리는 시간을 확인하고 1분이라도 줄이게 합니다. 사실 시간을 줄이는 것보다 중요한 것은 집중하지 않고 시간을 죽이고 있지는 않은지 확인하는 것입니다.

우리 집만의 학습 문화를 만들어보세요

학습 공간을 구성하는 것도 중요하지만, 그보다 더 중요한 건 아이가 "우리 집이 최고의 공부방이자 휴식처"라고 느끼도록 집 안 분위기를 조성하는 일입니다. 숙제를 마쳤을 때 "네 덕분에 우리 집이 더 똑똑해진 것 같아!"라는 말 한마디만으로도 아이는 자신이 의미 있는 역할을 했다고 느끼게 됩니다.

한 달에 한 번씩 가족끼리 학습 발표회를 열어 서로 배운 내용을 발표하는 시간을 가져보세요. 저녁 8시에 가족 독서 시간을 정해 함께 책을 읽는 것도 좋습니다. 과학 실험을 좋아한다면 주말마다 '우리 집 과학관'을 열어 간단한 실험을 해보는 것도 재미있는 추억이 될 수 있습니다. 이렇게 집이 배움과 재미가 함께하는 장소로 자리 잡으면 아이는 외부 자극에 쉽게 흔들리지 않고 스스로 학습 동기를 키워갈 수 있습니다.

작은 변화가 큰 차이를 만듭니다. 초등학생을 위한 학습 환경을 조성하는 일은 비싼 책상이나 유명 학군이 아닌, 지금 우리 집에서 아이와 함께 만들어가는 작은 실천과 가족의 분위기에서 시작됩니다. TV를 없애지 않아도 규칙만 잘 정한다면 훌륭한 학습 도구가 될 수 있습니다. 교사로 있을 때 만났던 학습력이 높고 긍정적인 아이들의 공통점은 늘 지지해 주는 부모와 건강한 집 안 분위기였습니다.

<mark>학습 환경은 공간의 크기가 아니라 아이에게 의미 있는 경험이 쌓이는 방식으로 만들어야 합니다.</mark>

집 안을 최고의 공부방으로 바꾸는 실천 팁
- 학습 공간은 밝게 유지하되 주위가 분산되지 않는 구조를 신경 쓰세요.
- 정리는 학습 효과의 시작입니다. 교재와 필기구를 정리하고, 스티커 라벨로 재미를 더해보세요.
- 거실도 훌륭한 학습 공간이 될 수 있어요. 한켠에 집중 존을 만들어 활용해 보세요.
- 뽀모도로 기법으로 아이의 집중 시간을 나누고, 시각 타이머로 시계 감각을 키워보세요.
- 가족 독서 시간, 발표회, 과학 놀이 등 집에서 함께하는 루틴은 최고의 학습 문화가 됩니다.

이렇게 적용해요

거실 공부방

원래부터 집에 TV가 없었던 건 아니에요. 신혼부터 첫째가 만 4살 즈음까지 TV가 있었는데 아들 둘이 번갈아 TV 액정을 파손하는 바람에 두 번째 망가졌을 때는 고치지 않기로 했어요. TV가 있을 때도 거실에 책장과 소파를 함께 두고 사용했어요. 처음엔 바닥에 앉아서 사용하는 책상을 썼고, 이후 첫 번째 사진에 보이는 유아 책상을 사용하다가 첫째가 초등학교에 입학하면서 개인 책상 대신 거실에 가족 책상을 구매했어요. 낮은 책상이라 초등 저학년 아이들이 사용하기 좋아요.

첫째가 초등학교 4학년이 되면서 화이트보드도 큰 걸로 바꾸고, 거실 양쪽 벽면에 키 높은 책장을 놓으면서 소파는 드림한 상태입니다.

✦ Part 3 ✦

플래너 쓰기가
루틴이 되려면

실천 단계

01
우리 집 루틴 만들기

   플래너를 효과적으로 활용하려면 먼저 '우리 집 루틴'을 만드는 것이 가장 중요합니다. 루틴은 아이와 가족 모두에게 예측 가능성과 안정감을 주며 학습과 생활 습관을 자연스럽게 연결합니다. 저 역시 루틴이 없던 때 아이들이 쉽게 산만해지고 플래너 작성 또한 흐지부지되었습니다. 우리 집 상황에 맞춘 루틴을 설정하고 나니 플래너가 아이들의 하루에 자연스럽게 뿌리내릴 수 있었습니다.

   루틴을 정하는 것은 아이에게 '무엇을 언제 할지'에 대한 명확한 신호를 주는 일입니다. 규칙적인 일과는 아이의 불안을 줄이고 자기효능감을 높이는 데 큰 도움이 됩니다. 예를 들어, '아침에 플래너 쓰기'가 습관이 되면 아이는 하루의 시작을 계획하며 훨씬 더 주도적인 태도를 갖게 되지요. 부모에게도 루틴은 아이와 소통할 수 있는 시간을 만들어주고, '확인 시간'을 통해 아이의 노력을 칭찬하고 응원할 기회를 줍니다. 중요한 것은 이 루틴이 딱딱한 규칙이 아니라, 우리 집만의 유연하고 편안한 흐름이 되어야 한다는 점입니다.

플래너 루틴의 출발은 '플래너를 언제 쓸지 정하는 것'입니다. 아침에 눈을 뜨자마자 쓸지, 하교 후 집에 도착하자마자 쓸지, 각 가정의 생활 패턴에 따라 자연스럽게 정해보세요. 아침형 아이는 일찍 하루를 시작하며 계획을 세우는 것이 잘 맞을 수 있고, 그렇지 않은 아이는 오후에 쓰는 편이 더 적합할 수도 있습니다. 물론 예외는 항상 생기기 마련입니다. 늦잠을 잤을 때는 아침에 쓰지 못한 플래너를 학교에서 쓰거나, 하교 후 보충하는 등의 차순위 루틴을 마련해두면 부담 없이 이어갈 수 있습니다.

'플래너 쓰기' 역시 하나의 습관입니다. 모든 습관은 작게 시작하는 것이 가장 효과적입니다. 처음에는 아침밥을 먹기 전, 식탁에 앉아 '날짜만 적기'처럼 아주 간단한 일부터 시작해 보세요. 익숙해지면 '오늘 하루 가장 중요한 일 한 가지 적기'를 추가하고, 점차 항목을 늘려갑니다.

저희 집의 경우 3학년과 5학년 두 아들은 아침에 일어나 화장실을 다녀온 뒤, 저와 함께 침대에 누워 짧은 대화를 나누는 시간을 갖습니다. 자고 일어난 뒤의 기분, 꿈 이야기, 오늘 해야 할 일이나 기대되는 일정 등을 이야기하면서 하루를 여는 것이죠. 그런 다음

아침을 먹고 등교 준비가 끝나면 남은 시간에 플래너를 씁니다. 어떤 날은 숙제가 많아 눈을 뜨자마자 플래너를 쓰고 먼저 숙제를 하다가 아침을 먹기도 합니다. 자연스럽게 이어지는 아침 루틴 속에 플래너 쓰기가 자리 잡도록 해보세요.

플래너 쓰는 습관은 보통 2주에서 4주 정도 시행착오를 겪으며 자리 잡습니다. 그 과정에서 "귀찮아, 안 써도 되잖아" 같은 말이 나올 수도 있습니다. 하지만 그 고비를 잘 넘기면 아이는 스스로 해야 할 일을 정리하고 실천하며 플래너를 자연스럽게 일상으로 받아들이게 됩니다. 어떤 아이는 먼저 공부를 마치고 논 뒤 플래너를 쓰기도 하고, 어떤 아이는 놀이를 마친 후 공부 계획을 조정하며 작성하기도 합니다. 중요한 것은 우리 집에 맞는 루틴을 설계하는 일입니다.

부모와 자녀가 함께 일과를 정리하며, "언제 플래너를 써 보면 좋을까?"라고 자연스럽게 이야기를 나눠보세요. "아침밥 먹기 전? 등교 준비를 마친 뒤? 아니면 학교에서 돌아온 직후?" 이렇게 몇 가지 시간대를 제시한 뒤, 아이와 대화를 통해 가장 잘 맞는 루틴을 함께 정해보는 것이 좋습니다.

또 한 가지 중요한 점은, 플래너를 아이 혼자 쓰게 하지 않는 것입니다. 하루를 마치며 부모가 함께 확인하고 이야기를 나누는 시간이 꼭 필요합니다. 물론 어떤 날은 주말에 몰아서 확인하는 경우도 있지만, 반드시 아이의 기록을 읽어보고 대화를 시도해야 합니다. 학교나 학원에서 주어진 과제가 많은 날이라면 가정에서 하기로 했던 과업의 양을 줄이거나 일정을 유연하게 조정해야 합니다. 이때 주의할 점은 플래너를 '검사하는 도구'가 아니라, '함께 돌아보는 기록'으로 활용해야 한다는 것입니다. 아이에게 또 하나의 숙제가 되지 않도록 도와야 하지요.

예를 들어, 아이가 플래너를 쓰긴 했지만 몇 가지 활동을 하지 못한 날이라면 이렇게 말해보세요.

"오늘도 수고했어. 그런데 요즘 방과 후 수업도 많고, 일정이 좀 빠듯한 것 같네. '자유 글쓰기'는 방학 땐 매일 했으니까, 이제 주 3회 정도로 바꿔보는 건 어때?"

이런 대화를 통해 과업의 양을 함께 조절하는 것이 중요합니다.

"다른 애들은 학원을 몇 개나 다니는데, 이 정도는 해야지!"라고 몰아세우기보다는,

"이제 2학년이니까 연산은 한 쪽 더 늘려볼까? 독서 시간도 조금만 더 늘려볼 수 있겠네."

이런 식으로 아이의 성장 속도에 맞춰 함께 고민하고 격려해 주세요. 저는 플래너 쓰기와 독서를 가족이 함께하는 루틴으로 만들어보길 권하고 싶습니다. 아이가 책을 읽는 동안 부모도 책을 읽고 더 나아가 아이가 읽는 책을 부모가 소리 내어 읽어주는 시간을 갖는 것도 좋습니다. 하루 10분, 20분이면 충분합니다.

짐 트렐리즈는 『하루 15분 책 읽어주기의 힘』에서 중학교 2학년이 되어서야 읽기와 듣기 이해 수준이 같아진다고 설명합니다. 그

전까지는 듣는 것이 읽는 것보다 훨씬 더 쉽게 이해되기 때문에, 아이가 스스로 글을 읽을 수 있는 나이라 하더라도 부모가 책을 읽어주는 일은 여전히 큰 도움이 됩니다. 문해력은 물론 정서적 안정에도 효과가 크지요.

또한, 플래너를 가족 모두가 사용하는 것도 좋은 방법입니다. 아이는 "나만 하는 게 아니야. 우리 가족도 같이 해."라는 동질감을 느끼고 부모의 기록을 보며 동기를 얻습니다. 저는 플래너를 매일 빼곡히 쓰는 편인데, 제 플래너를 본 아이들이 자극을 받아 자기도 조금 더 써보려고 애쓰는 모습이 참 인상적이었습니다. 긍정적인 피드백과 소통을 통해 유대감을 높이는 도구로 활용할 수 있습니다.

루틴이란 완벽하게 지켜야 하는 것이 아니라 우리 집에 맞는 자연스러운 흐름을 만들어가는 과정입니다. 시행착오를 겪더라도 아이와 함께 만들어가다 보면 어느새 플래너가 일상의 자연스러운 일부가 될 거예요. 오늘 우리 집만의 루틴을 함께 만들어보세요. 그 작은 습관이 아이의 자립적인 삶을 여는 큰 첫걸음이 됩니다.

아이의 플래너 습관은 루틴에서 시작됩니다.
우리 집만의 자연스러운 흐름을 함께 만들어보세요.

실천 팁

○ 아이와 함께 플래너 쓰는 시간을 정해보세요.
　아침, 하교 후 등 하루 중 자연스러운 시간대를 선택하세요.
○ 플래너는 '검사'보다 '함께 확인'하는 시간이 되게 하세요.
○ 습관 형성 초기에는 작게 시작하세요.
　'날짜 쓰기' → '중요한 일 1가지 쓰기'처럼 단계적으로 늘려보세요.
○ 루틴이 무너지더라도 괜찮아요.
　새로운 루틴은 조정하며 자리 잡는 것이 자연스러운 과정입니다.
○ 독서와 플래너를 가족 모두의 루틴으로 만들어보세요.
　"함께 하는 시간"이 아이에겐 가장 큰 동기입니다.

이렇게 적용해요

우리 집 플래너 루틴

시간	월요일	화요일	수요일	목요일	금요일	토요일
학교 수업	6교시 (~2:20)	6교시 (~2:20)	5교시 (~1:30)	6교시 (~2:20)	6교시 (~2:20)	
방과후	-줄넘기/합기도 (6시 15분~8시 30분)	-영어(3시 20분~7시 15분) -화상영어(8시 30분~9시)	-수학(2시 45분~5시 10분) -줄넘기/합기도 (6시 15분~8시 30분)	-영어(3시 20분~7시 15분) -화상영어(8시 30분~9시)	-수학(2시 45분~5시 10분) -줄넘기/합기도 (6시 15분~8시 30분)	-영어(9시 20분 시 15분) -화상영어(8시 ~9시)
플래너 쓰기	학교다녀서	=	아침 밥먹기 전	=	=	아침먹고나서
플래너 확인			잠자러 들어서 전			

 플래너 쓰기 루틴을 정할 때 아이의 주간 일정을 먼저 파악하는 것이 좋습니다. 언제 플래너를 쓰면 좋을지, 본인에게 틈새 시간이 있는지 살펴볼 수 있거든요. 플래너 쓰는 시간과 검사 시간을 아이와 함께 의논하며 적어봤어요. 플래너 쓰는 시간은 '일어나자마자', '아침 먹은 후', '학교 다녀와서', '저녁 먹은 후' 등 구체적이고 다양한 예시 중 골라 쓰게 했고요. 제가 확인하는 시간은 최대한 '잠들기 전'이나 '주말 아침'으로 고정하려고 애썼지만 다른 계획이 생기면 융통성 있게 바꾸기로 했어요. 처음엔 매일 확인했지만 석 달 정도 지나 플래너 쓰기가 정착되고부터는 주말에만 확인하고 있어요.

02 하루 계획 세우기

 플래너를 쓰기 전에 가장 먼저 해야 할 일은 아이 스스로 자신의 일과를 파악하는 것입니다. 하루가 어떻게 흘러가는지, 어떤 시간이 비어 있고, 무엇을 언제 하면 좋을지를 알고 있어야 플래너도 단순한 기록장을 넘어 하루를 주도적으로 설계하는 도구가 될 수 있습니다.

 초등학교 1, 2학년이라면 오전 수업인 4교시가 후 점심만 먹고 하교하는 날이 주 2회 정도 있습니다. 초등학교 3학년만 되어도 4교시 수업은 찾기 힘들고 5교시 수업이 대부분이라 1시 반에 마치게 됩니다. 초등학교 5, 6학년은 주 1회 5교시를 제외하고는 6교시 수업이 있으므로 2시 반이 되어야 하교합니다. 저녁 식사를 보통 6시에 한다고 하면 학년에 따라 3시간 이상의 시간적 여유가 있습니다. 하지만 많은 초등학생들이 방과 후 수업이나 학원 등으로 이 시간을 채우고 있어 정작 자율 시간은 점점 줄어들고 있습니다. 특히 맞벌이 가정의 경우, 아이가 집에서 혼자 있는 시간을 줄이기 위해 더욱 촘촘하게 방과 후 일정을 짜게 되기도 하지요.

그럼에도 불구하고 저는 이 시기에 플래너 사용을 꼭 권합니다. 학원이나 방과 후 교실에 제시간에 도착해야 하거나 셔틀 시간을 놓치지 않아야 할 때, 매번 부모가 직접 확인하고 챙길 수 없습니다. 그럴 때 플래너에 '오늘 해야 할 일'과 '가야 할 장소', '출발 시간' 등을 아이가 직접 적어두면 자기 일정을 스스로 관리하는 습관이 생깁니다. 이런 습관이 자리 잡으면 일정 사이 생긴 짧은 공백 시간에 도서관에 들르거나 연산 문제집 한 장을 푸는 등 시간을 의미 있게 채우는 능력을 키우게 됩니다.

아이들이 보통 저녁 9시~10시 사이에 잠든다고 가정했을 때 저녁 식사와 씻는 시간을 제외하면 대략 2~3시간 정도 공부할 시간이 있습니다. 이 시간 동안 하루 공부와 독서, 숙제 등을 하려면 각 과제를 해결하는 데 걸리는 시간을 알아야 합니다. 예를 들어, 수학 연산 1장을 풀 때 아이마다 속도가 다릅니다. 저학년이라면 10문제에 20분, 고학년이라면 15분일 수 있어요. 처음엔 타이머를 켜고 연산 1장 풀기 시간을 재보며 플래너에 적게 하세요. "나는 연산 1장에 18분

걸렸어!"라는 기록은 아이가 자신의 학습 속도를 인식하는 첫걸음입니다. 영어 단어 10개 암기는 15분, 책 10쪽 읽기는 25분처럼 과제별 소요 시간을 파악하면, 하루 계획을 더 구체적으로 세울 수 있습니다. 이 과정은 메타인지의 기본인 '내가 무엇을 얼마나 할 수 있는지'를 깨닫게 합니다.

일과 중 자유 시간과 과제별로 걸리는 시간을 파악했다면, 블록 기법이나 뽀모도로 기법 등을 활용하여 플래너에 구체적인 시간대와 할 일을 써봅니다. 블록 기법은 하루를 30분~1시간 단위로 나눠 각 시간대에 할 일을 배정하는 방법입니다. 뽀모도로 기법을 활용하여 25분 과업을 완료하고 나서 5분 휴식 시간을 가지는 것도 좋지만, 아이의 성향에 따라 40분~60분 단위로 집중해서 과업을 마친 후 쉬는 것도 좋습니다.

이렇게 시간대를 명확히 적으면 아이는 '이 시간엔 이걸 해야지'라는 목적의식을 갖습니다. 대체로 저학년의 집중력은 20~30분 정도입니다. 그러므로 25분이 기본 단위인 뽀모도로 기법을 권장합니다. 고학년은 40~60분 단위로 설정하고, 중간에 5~10분 휴식을 넣는 블록 기법이 좋겠습니다. 이러한 방법은 계획을 시각화해 '내가 뭘 할지'를 명확히 해줍니다. 이에 따라 메타인지 중 '계획 능력'을 키우는 데 효과적입니다.

플래너를 쓰는 행위 자체가 메타인지를 높이는 강력한 도구입니다. 메타인지는 학습 심리학에서 '자신의 인지 과정을 점검하고 조절하는 능력'으로 정의됩니다. '나는 수학 연산은 빨리할 수 있지만 영어 문장 쓰기는 느려'와 같은 생각이 바로 '인지'에 해당합니다. '오늘 연산 1장을 10분 만에 끝냈네.'라고 생각하는 것은 과정을 점검하는 것이며 '내일은 1장을 8분 안에 풀어볼까? 15분 만에 2장을 풀어보는 것도 좋겠다'처럼 시간이나 양을 조절하는 능력도 기를 수 있습니다.

결국 플래너를 쓴다는 것은 아이가 자기 삶을 점검하고 시간과 과제를 주도적으로 조절하는 훈련을 한다는 뜻입니다. 공부를 잘하는 학생들은 예외 없이 이 메타인지 능력이 뛰어납니다. 우리 아이도 플래너를 통해 "나는 뭘 잘하고, 어디를 더 연습해야 할까?"를 스스로 깨닫게 될 수 있습니다. 계획은 작게 시작해도 좋습니다. 하지만 그 작은 계획이 쌓이고 이어지다 보면 어느새 아이는 하루를 스스로 디자인하는 아이가 되어 있을 것입니다.

시간 감각과 과제 소요 시간을 파악하며 플래너를 쓰는 습관은 아이의 메타인지를 키우는 가장 확실한 방법입니다.

실천 팁
○ 아이와 함께 하루 시간표를 짜보세요. 등교/하교/저녁 시간까지 어떤 흐름으로 움직이는지 파악하는 것이 첫걸음입니다.
○ 과제별로 시간을 실제로 재보며 적어 보면서 자기의 속도를 인식하게 도와줍니다.
○ 저학년은 25분 뽀모도로 기법, 고학년은 40~60분 블록 기법을 추천해요.
○ "오늘은 연산에 시간이 오래 걸렸네. 내일은 먼저 해볼까?" 같은 식의 점검 + 조절 대화를 통해 메타인지를 함께 길러보세요.

> 이렇게 적용해요

블록 기법 적용하기

　왼쪽은 초등학교 3학년 아이의 타임 블럭 플래너이고 오른쪽은 저의 시간대별 하루 계획표입니다. "엄마 어두워지기 전에 친구들이랑 밖에서 조금 놀고 올게요. 영어 낭독은 5분 안 걸리니까 다녀와서 빨리 할게요." 초3이 된 둘째가 플래너를 쓰면서 자신이 해야 할 과제가 걸리는 시간을 파악하게 된 것이 큰 수확이었습니다. 만약 체크리스트 형태에 익숙해졌다면 타임 블럭이나 시간에 따른 과업 작성을 시도해 보는 것도 좋습니다.

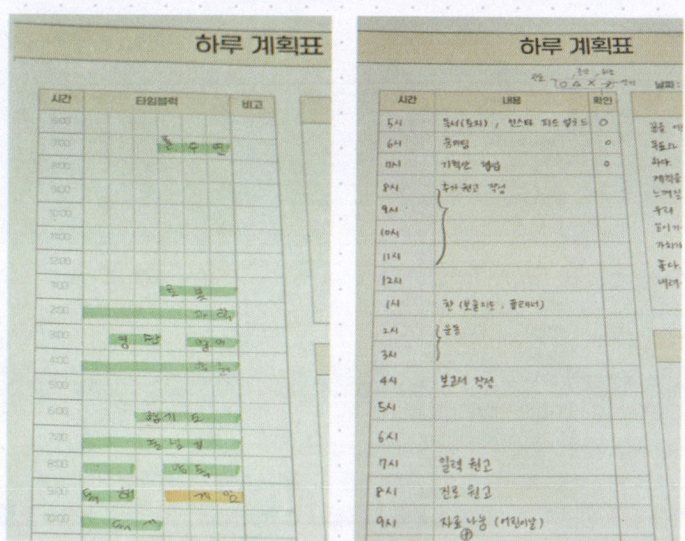

블록 기법을 적용한 플래너 작성 예시

03 우선순위 정하기

우선순위를 정하는 일은 아이가 '지금 무엇이 중요한지'를 판단하고 그것을 행동으로 옮기는 연습입니다. 심리학자 배리 짐머만의 연구에 따르면 목표를 명확히 나누고 순서를 정할수록 자기 조절 능력이 향상된다고 합니다. 초등학생에겐 '숙제하기' 같은 필수 활동이 먼저이고 '핸드폰 게임'이나 '엄마와 보드게임' 같은 선택 활동은 차순위입니다. 플래너에 이를 명확히 구분하여 적으면 아이는 먼저 '해야 할 일'에 집중하고, 그것을 마친 뒤 '하고 싶은 일'로 보상받는 기쁨을 경험하게 됩니다. 이 과정은 단순히 시간을 나누는 데 그치지 않고 아이의 책임감과 자기 주도성을 키웁니다.

아이와 우선순위 세우는 연습을 하기 전에 필수 활동과 보상에 대한 협의가 필요합니다. 처음부터 필수 활동을 빼곡히 채워 넣으면 아이는 쉽게 지치고 포기하게 됩니다. 그러니 처음엔 작게 시작해 보세요. 학습 1~2가지, 생활 습관 1~2가지 정도가 좋을 것 같아요. 물론 아이의 적응 속도에 따라 늘리는 시기는 가정마다 다릅니다. 이때도 일방적으로 "~해!"라고 하기보다 "이제 00이랑 00은 익숙해진 것 같아. 정말 잘한다. 이번에는 00도 해보면 참 좋을 것 같아." 그 이유와 함께 제안해 보는 게 좋습니다. 물론 반드시 해야 하는 일에 대해서는 타협보다 설득이 필요하겠지요.

필수 활동: 꼭 해야 할 일은 조금 더 구체적으로 계획하기

필수 활동에는 학습 과제(숙제, 연산, 독서 등), 생활 습관(침대 정리, 양치질, 다 먹은 그릇 개수대에 넣기 등), 시간 약속 지키기(학원 시간 맞춰 가기 등) 등이 포함됩니다. 플래너에 쓸 때는 '연산 2쪽 풀기', '영어 단어 10개 외우기' 등으로 구체적으로 적는 것이 좋습니다. 다만 아이가 그 활동에 익숙하고 충분히 내용을 알고 있다면 '기탄수학'을 줄여 '기수'처럼 쓰는 것도 허용해 주세요.

필수 활동에 할애하는 시간은 초등학생 학년별로 조금씩 다르게 계획하면 좋습니다. 초등학생은 1교시 수업이 40분으로 구성되어 있습니다. 그중 본격적인 학습 시간은 30분 정도입니다. 아이마다 다르지만 대체로 20~30분 정도는 집중해서 공부할 수가 있는 나이가 된 것입니다. 그래서 가정에서 하는 필수 활동의 경우 최소 20

분~30분 동안 할 수 있게 계획하면 좋습니다. 학년이 올라갈수록 20~30분씩 필수 활동 시간을 추가해 주세요. 물론 개인차가 있을 수 있으므로 이 기준은 참고만 합니다.

선택(보상) 활동: 하고 싶은 일도 함께 계획하기

선택 활동은 아이가 좋아하는 활동이면서 필수 활동을 마친 뒤 즐길 수 있는 보상의 개념입니다. '엄마와 보드게임 20분', '핸드폰 게임 20분', '바깥 놀이 30분', '아빠와 배드민턴 20분' 등이 될 수 있겠지요. 이는 아이의 취미나 휴식과 관련된 활동으로 필수 활동을 마친 뒤의 동기 부여 요소로 작용합니다. 반드시 플래너에 적어야 하는 건 아니지만 플래너를 처음 쓰는 시기에는 함께 적어 보는 것이 좋습니다. 보상이 명확히 보이면 아이의 동기 부여가 훨씬 높아집니다.

필수 활동을 끝내고 보상 활동으로 넘어갈 때 아이가 느끼는 작은 성취감은 "내가 해냈어!"라는 자기 효능감으로 연결됩니다. 또한 "오늘은 뭐 먼저 해야 하지?" 고민하며 계획을 세우는 과정은 메타인지, 즉 '내가 뭘 할 수 있고, 어떻게 해야 하는지를 아는 능력'을 키우는 데 큰 도움이 됩니다. 공부를 잘하는 학생들이 우선순위를 잘 정하는 이유도 여기에 있죠.

예전에 <티처스>라는 프로그램을 보면서 인상 깊은 장면이 있었어요. 출연한 학생이 시험이 코앞인데 관련 공부는 하지 않고 엉뚱하게 CNN 영어 방송을 듣고 있는 모습이었습니다. 쉬는 시간에 잠깐 본다고 해서 몇 분인 줄 알았더니, 1시간 공부하고 30분 쉴 때마다 영어 방송을 듣기를 하니 하루에 영어 방송 듣기만 몇 시간을 할애하고 있었습니다. 물론 영어 방송 듣기가 도움이 될 수는 있지만, 정작 그 아이에게 지금 필요한 건 시험 대비였고 결국 우선순위와 보상 시간을 잘못 판단한 결과였습니다.

사실 어른에게도 우선순위를 정하고 실행하는 일은 어려운 일이지요. 아이들에게 '우선순위'라는 개념은 더더욱 어렵고 추상적인 말입니다. 저는 아이들에게 우선순위를 설명할 때 집 짓는 과정에 비유하곤 했습니다.

"집을 지을 때는 먼저 기초를 다져야 하고 그다음에 벽을 세우고 지붕을 올리지. 기초도 안 닦고 벽돌부터 쌓는 건 순서가 잘못된 거야."

이렇게 설명해 주면 아이들도 '우선 해야 할 일'이 무엇인지 좀 더 쉽게 이해합니다.

"우리 집을 짓는다고 상상해 볼까? 튼튼한 집을 지으려면 집 짓는 순서가 아주 중요해. 만약 순서가 뒤죽박죽이면 집이 무너질 수도 있거든. 가장 먼저 뭘 해야 할까? 멋진 지붕? 창문? 대문? 가장 먼저 해야 할 일은 바로 땅을 단단하게 다지고, 집의 기초를 만드는 일이야! 튼튼한 바닥이 없으면 집이 기울어지거나 무너질 수 있어. 집 전체를 받쳐주는 가장 중요한 부분이지. 이걸 바로 가장 높은 우선순위. 1순위 일이라고 해. 꼭꼭 먼저 해야겠지?

기초를 다 만들면 그다음은 어떻게 해야 할까? 기둥을 세우고, 벽을 만들고, 지붕을 덮어야 해. 그래야 비바람도 막고, 집의 형태가 만들어지겠지? 이것도 아주 중요하니까 높은 우선순위야. 순서는 2순위가 되겠네.

뼈대가 다 만들어지면 무엇을 할까? 창문도 달고, 문도 달아야 해. 그래야 따뜻하고 안전한 집이 되겠지? 이것도 꼭 필요하지만, 기둥이나 지붕보다는 나중에 해도 괜찮아. 그래서 중간 순위, 여기서는 3순위야.

이제 거의 다 되었네? 집 안을 더 예쁘게 만들고 싶다면 원하는 페인트로 칠하거나 벽지를 붙이면 되고, 가구를 넣어서 꾸밀 수도 있어. 이건 집의 기본 구조가 다 완성된 다음에 해야겠지? 그래서 위의 3가지보다는 낮은 우선순위야. 여기서는 4순위라고 할 수 있어.

여기서 끝내도 되지만 주택이라면 집 밖에 예쁜 꽃밭을 만들거나, 귀여운 우체통을 다는 일도 할 수 있어. 집이 모두 완성되고 나서 해도 되는 일들이야. 그래서 이건 가장 낮은 우선순위인 5순위란다.

만약에 집도 안 지었는데 예쁜 꽃밭부터 만들면 어떻게 될까? 집을 짓는 동안 엄청난 먼지와 흙더미들, 여러 재료들 때문에 꽃밭이 다 망가지고 말 거야. 집 짓는 데 굉장히 거추장스럽고 말이야. 또 기둥도 안 세우고 벽도 없는데, 침대나 책상 같은 가구부터 넣을 수 있을까? 안 되겠지!

'우선순위를 정한다'는 건 바로 이런 거야. 우리가 해야 할 여러 가지 일 중에서, 집 짓기의 '기초 공사'처럼 가장 중요하고 꼭 먼저 해야 하는 일이 무엇인지 생각하고, 집 짓는 순서처럼 차근차근 순서를 정하는 거지.

예를 들어, 오늘 숙제하기, 친구랑 놀기, 간식 먹기, 방 청소하기, 보드 게임하기 이렇게 5가지 할 일이 있다고 해보자. 가장 중요하고 꼭 먼저 해야 하는 일은 뭘까? 역시 '숙제하기'겠지? 이건 꼭 해야 하는 약속이니까! 그다음으로 중요한 일은 '방 청소하기'나 '간식 먹기'가 될 수 있겠네. 깨끗한 방에서 지내고, 배고프지 않게 먹는 것도 중요하니까. 시간이 남으면 하고 싶은 일이 바로 '친구랑 놀기'나 '보드 게임하기'이야. 이건 숙제를 다 하고 나서 할 수 있겠지?

마치 튼튼한 집을 짓는 것처럼, 중요한 일을 먼저 해야 우리가 해야 할 일들을 잘 해낼 수 있는 거란다.

우선순위를 정하는 일은 연습이 필요합니다. 아이에게 너무 빠른 결과를 기대하기보다 과정을 함께 격려해 주세요. 계획은 언제든 조정할 수 있다는 것도 알려주세요. 예상치 못한 상황이 생겼다면 그날의 계획을 줄이거나 다른 날로 미루는 유연함도 필요합니다. 중요한 것은 완벽한 실행이 아니라, 아이 스스로 우선순위를 판단하고 실천해 보려는 그 '시도 자체'입니다. 지금부터 연습을 시작했다는 것만으로도 아이는 충분히 잘하고 있습니다. 우선순위를 정확히 알고, 작은 성공을 하나하나 쌓아가도록 따뜻하게 도와주세요. 그것만으로도 하루는 훨씬 보람차고 즐거워질 수 있습니다.

우선순위를 스스로 정하고 실천하는 경험은
아이의 자기 조절 능력과 자신감을 키우는 첫걸음입니다.

실천 팁
○ 먼저 '필수 활동'과 '선택 활동'을 아이와 함께 계획해 보세요.
○ "뭘 먼저 해야 할까?" "이걸 마치고 뭐 하면 좋을까?" 같이 순서를 생각하게 하는 질문으로 메타인지를 자극해 주세요.
○ 계획은 융통성 있게! 아이가 부담 느끼지 않도록 조정 가능하다는 것도 알려주세요.

이렇게 적용해요

우선순위 적용 플래너

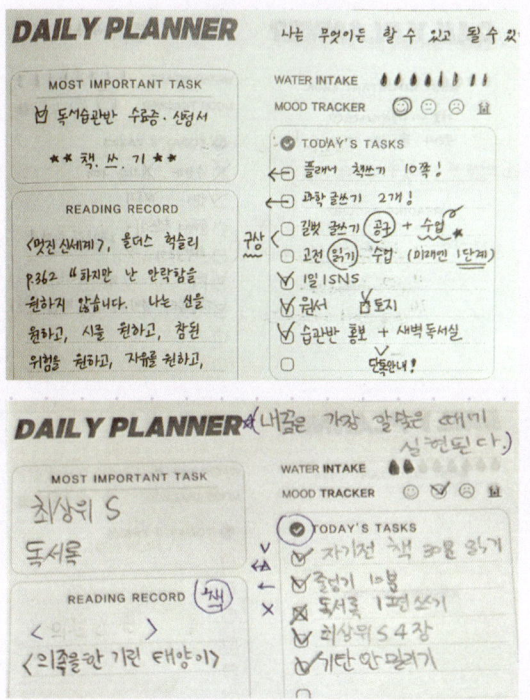

저는 'Most Important Task' 칸에 중요한 일을 씁니다. 투두리스트(혹은 체크리스트)에 할 일을 쓰고 가장 먼저 해야 할 일에 숫자로 1, 2, 3 표시를 하거나 별표를 치는 방법도 좋습니다. 중요한 건 일의 우선순위를 알고 중요한 일이나 급한 일부터 하는 연습을 시작하는 것입니다.

연간 해빗 트래커

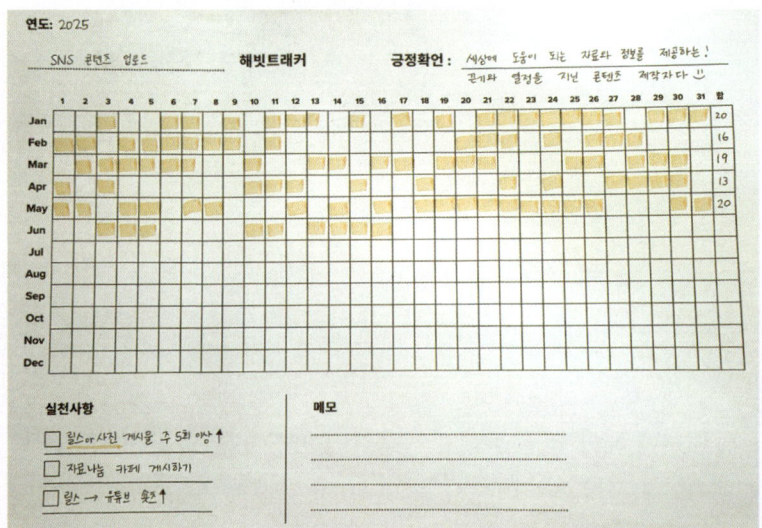

 올해 꼭 매일 해내고 싶은 습관이 있다면 연간 해빗 트래커를 활용해 보는 것도 좋습니다. 한 가지 목표를 쓰고 매일 해낸 날짜 칸에 색을 칠합니다. 매달 합을 적는 칸도 있어서 한 달 동안 얼마나 실천했는지도 한눈에 파악할 수 있답니다.

04 플래너에 놀이 활동과 휴식 시간 넣기

플래너에 해야 할 공부만 가득하다면 아이가 얼마나 큰 부담을 느낄까요? '친구와 놀이터에서 놀기', '그림 그리기' 등 놀이와 휴식 시간을 플래너에 함께 기록해 보세요. 아이에게 하루는 단순히 공부만 하는 시간이 아니라 몸도 마음도 움직이는 즐거운 시간이 됩니다. 하루가 더 풍성해지고 균형 잡힌 생활이 자연스럽게 자리 잡기 시작합니다. 초등학생 시기는 학습만큼 놀이가 중요한 발달 단계입니다. 놀이는 창의력과 사회성을 키우고 스트레스를 해소하며 긍정적인 정서를 강화합니다.

예를 들어, '축구 20분'이 플래너에 있다면 아이는 축구하며 웃는 모습을 떠올리며 해야 할 일을 즐겁게 완수할 수 있습니다. 신나게 뛰고 난 후에는 '내일도 친구랑 신나게 축구해야지~'라며 플래너에 또 하고 싶은 일을 적어넣을 수 있겠지요.

　아이뿐 아니라 어른도 장시간 집중만 하면 쉽게 지치고 피로가 쌓이죠. 크리스 메틀러·존 야리안의 『스파크』라는 책에 따르면 짧은 휴식은 뇌의 피로를 줄이고 학습 효율을 높이는 데 큰 도움이 된다고 합니다. 아이에게 쉬는 것도 중요하다는 것을 플래너 쓰기로 경험하게 해 자연스럽게 깨닫게 합니다. 그래서 저는 아이가 모든 일을 끝내지 못했더라도 어느 정도만 완료했다면 놀이나 쉬는 시간을 먼저 허용하기도 합니다.

　예를 들어 오후 5시에 바깥에서 친구들이 30분 동안 놀기로 약속을 했다고 해볼게요. 그럼 아이는 오후 5시까지 공부를 마치고 나가 놀기 위해 열심히 할 거예요. 하지만 대충 문제를 풀거나 찍을 수도 있지요. 온통 시계에만 정신이 쏠려 있을 수도 있고요. 그래서 저는 온전히 공부에 집중할 수 있게 오후 5시까지 해야 할 일을 완료하지 못하면 먼저 바깥 놀이를 하고 와서 다시 공부하자고 약속합니다. 중간에 신나게 놀고 오면 리프레시도 되고 그 뒤에 오히려 더 집중하는 모습을 보여줄 때도 많습니다. 특히 특히 봄, 가을처럼 날씨가 좋을 때는 먼저 바깥 놀이 시간을 갖게 하고 그 뒤에 공부를 이어가도록 유도합니다. 무엇보다 중요한 건 아이가 '쉬는'시간을 당연하고 소중하게 느끼게 하는 것입니다.

꼭 오랜 놀이 시간이 아니어도 괜찮습니다. 공부 중간에 스트레칭을 하거나, 물을 마시고, 창밖을 보는 것도 훌륭한 휴식입니다. 저는 아이들에게 "30분 공부하면 천장 한 번 보고, 팔 한 번 쭉 뻗자"라고 말하곤 했어요. 또 창밖을 바라보며 푸른 자연을 보도록 유도합니다. 요즘은 자세가 좋지 않아 척추측만증이 생기거나 시력이 나빠져 안경이나 렌즈를 쓰는 아이들이 많습니다. 어릴 때부터 휴식과 몸의 균형을 챙기도록 가르쳐주는 건 어른이 되어서도 자기 건강을 돌볼 수 있는 기본 습관이 됩니다.

아이에게 "어떤 놀이가 하고 싶어?"라고 물어보는 것부터 시작해보세요. 그날 하고 싶은 놀이를 직접 선택하게 하면 플래너는 단순한 '할 일 목록'이 아니라 '나의 하루를 설계하는 공간'이 됩니다. 보드게임, 딱지치기, 종이접기, 카드 게임처럼 아이에게 다양한 놀이를 알려주는 것도 좋은 방법이에요. 특히 부모가 함께하는 놀이는 훨씬 큰 즐거움과 유대감을 만들어줍니다. 저희 집에서는 '스플렌더'라는 보드게임이 한동안 유행했어요. 요즘은 형제끼리 역사 카드 게임을 하거나 종이 딱지를 접어 딱지치기 하는 게 유행입니다. 또 '브롤스타즈' 같은 핸드폰 게임도 온 가족이 함께 즐깁니다. 이렇게 가족 놀이를 만들면 대화가 늘고 서로를 이해하는 시간도 많아져요. 예를 들어 첫째는 게임을 하기 전에 캐릭터의 장단점을 꼼꼼히 조사하고 둘째는 일단 직접 해보며 감을 익히는 스타일인데요, 그 모습이 남편과 저를 쏙 빼닮아 참 신기하더라고요. 이처럼 가족 놀이

속에서 성향을 이해하고 서로를 더 가깝게 느낄 수 있는 기회도 생깁니다.

공부만 강조하던 마음을 조금 내려놓고 아이가 행복하게 자라날 수 있는 플래너를 함께 만들어보세요. 하루의 계획 속에 놀이와 휴식을 당당히 넣는 것은 아이로 하여금 스스로 돌보는 법을 배울 수 있게 합니다.

놀이와 휴식을 함께 계획하는 플래너는 아이의 삶을 균형 있게 키워주는 좋은 시작점입니다.

실천 팁
○ 플래너에 '놀이 시간'과 '쉬는 시간'도 공식 일정처럼 함께 적어보세요.
○ 놀이 전 공부를 마치지 못했더라도 놀이를 먼저 허용해 보세요. 놀고 나면 집중력이 더 좋아질 수 있어요.
○ "30분 공부하면 잠깐 창밖 보기, 스트레칭하기" 같은 짧은 휴식 루틴을 만들어주세요.
○ 아이가 원하는 놀이를 직접 선택하게 해주세요.
○ 가족이 함께하는 놀이(보드게임, 카드게임 등)는 유대감 강화와 감정 이해에도 큰 도움이 됩니다.
○ 공부와 놀이, 둘 중 하나를 버릴 필요는 없습니다. 조화롭게 함께 가는 플래너가 정답입니다.

이렇게 적용해요

보상 활동이 있는 플래너

　해야 할 일만 잔뜩 적힌 플래너를 보고 있으면 답답함에 마음이 힘들 수도 있어요. 특히 플래너를 처음 쓰기 시작한다면 꼭 놀이나 보상도 함께 쓰게 해주세요. 그걸 적는 것만으로도 플래너가 미워 보이지 않거든요. 시간이 흘러 플래너 쓰기에 적응하면 굳이 놀이를 쓰지 않고도 할 일을 쓰고 해내게 됩니다.

05
특별한 날
플래너 쓰기

플래너는 매일 규칙적인 공부와 생활 습관을 잡아주는 데 큰 역할을 하지만 여행, 결혼식, 가족 행사처럼 특별한 날에는 조금 다른 접근이 필요합니다. 이런 날들은 아이에게도 소중한 추억이 될 뿐 아니라 가족과의 유대감을 쌓을 수 있는 귀중한 시간이기도 하니까요. 그래서 특별한 날에는 평소 루틴을 고집하기보다 공부에 대한 부담을 잠시 내려놓고 유연하게 플래너를 활용하는 것이 좋습니다.

특별한 날을 플래너에 직접 써넣게 해보세요. 아이는 그날을 기대하고, 경험하고, 되새기는 즐거움을 동시에 느낄 수 있습니다. 예를 들어, '할머니 생신 파티'나 '가족 캠핑 여행' 같은 이벤트는 아이에게 공부만큼 중요한 경험입니다. 심리학자 존 가트만의 연구에 따르면, 긍정적인 가족 경험은 아이의 정서 안정과 자존감 향상에 영향을 준다고 해요. 플래너에 이런 날을 단순히 지나치지 않고 그날의 특별함을 기록하면 아이는 하루를 더 풍성하게 기억합니다. "이모 드레스가 반짝반짝 빛나고 예뻤어요!", "캠핑에서 별을 많이 봤는데 신기했어요."와 같이 짧게라도 좋으니 기분이나 특별히 기억나는 장면을 적어보게 하는 식이지요. 저학년은 그림으로 표현하고 고학년은 짧은 글이나 간단한 스케치로 남기도록 유도하면 좋습니다. 이런 기록은 아이의 하루를 더 특별하게 기억하게 해줍니다.

가족이 함께 쓰는 탁상 달력 만들기

특별한 날을 미리 준비하려면 가족 모두의 일정 공유가 필요합니다. 저는 거실이나 식탁 위에 탁상 달력을 두고 가족 모두가 일정을 함께 보는 것을 추천합니다.

- 일정 기록: 예를 들어 "5월 30일 – 이모 결혼식", "9월 20~21일 – 가족 캠핑"처럼 중요한 일정을 미리 큰 글씨로 적어둡니다.
- 색깔 구분: 빨간색은 중요한 행사, 파란색은 준비 일정(예: 짐 싸기)처럼 색을 달리해 시각적으로 정리합니다.
- 아이 참여: 아이가 직접 스티커를 붙이거나 "캠핑 너무 가고 싶어!" 같은 기대 문장을 포스트잇에 적어 붙이면 그 자체가 행사에 대한 기대감을 키워주는 좋은 활동이 됩니다. 당일 아이에게 역할을 부여하는 것도 좋아요. "할아버지 생신 때 쌍절곤 돌리기

공연 해볼까?" 이런 식으로 미리 이야기 나누면 아이도 그날을 더욱 기다리게 됩니다.

특별한 날의 플래너

특별한 날엔 플래너를 어떻게 쓸까요? 저는 다음 세 가지 방식으로 유연하게 플래너를 조정합니다.

① 공부량 조정하기

예를 들어 평소에는 '연산 1장 + 독서 20분'이라면 여행 가는 날에는 독서 시간만 '10분'으로 줄이고 책 한 권을 가방에 챙겨가는 것으로 대체합니다. 또는 공부 대신 '여행에서 보고 듣고 느낀 점'을 쓰게 할 수도 있어요. "할머니가 만든 김치찌개가 맛있었어요." "오랜만에 고모를 만나서 반가웠어요." 이렇게 한두 줄로도 충분합니다.

② 새로운 목표 정하기

공부 대신 '가족사진 찍기', '평소에 안 먹어본 음식 도전하기' 같은 행사와 관련한 재미있는 투두리스트를 만들어보세요. 이런 활동도 플래너 안에 들어가면 충분히 의미 있고 아이의 계획 능력을 키워줄 수 있습니다.

③ 플래너 없는 날도 괜찮아요

저는 행사가 있는 날엔 플래너를 반드시 쓰게 하지 않습니다. 아이가 자발적으로 적고 싶어 하면 물론 응원하지만 그렇지 않다면 온전히 그날의 경험에 집중할 수 있게 도와줍니다.

아이와 함께 여행 계획 세우기

여행을 준비할 때 대부분 부모가 전부 계획을 세우지만, 아이가 조금 크면 음식이나 장소에 대한 선호가 생깁니다. 이럴 땐 아이와 함께 일정을 짜거나, 아예 일부 계획을 맡겨보는 것도 좋은 경험이 됩니다. 요즘은 아이들도 인터넷이나 유튜브 검색을 통해 맛집, 명소, 체험 활동 등을 쉽게 찾을 수 있어요. 찾아본 내용을 플래너에 시간 순서로 적게 합니다. 여행의 기대감도 커지고 직접 계획에 참여한 만큼 책임감도 함께 자랍니다.

특별한 날 플래너는 공부 중심에서 벗어나 가족과의 추억과 아이의 즐거움을 담는 도구가 됩니다. 탁상 달력으로 일정을 공유하고 행사참여 소감을 쓰는 등 유연하게 활용해 보세요. 공부량이 조금 줄어도 괜찮습니다. 그 자리에 가족과 함께한 따뜻한 기억이 채워진다면 아이에게는 더 오래 남고 더 소중한 시간이 될 테니까요. 특별한 날을 가족만의 특별한 기록을 남기며 아이와 함께 행복한 순간을 쌓아가세요.

특별한 날에는 공부 대신 추억과 감정을 기록하며,
가족과의 유대를 담는 플래너로 활용해 보세요.

실천 팁
○ 거실 탁상 달력을 활용해 가족 일정 공유 → 중요한 일정은 큰 글씨 + 색상으로 구분
○ 아이가 스티커나 포스트잇으로 기대감 표현할 수 있게 유도하기.
○ 여행이나 가족 행사 당일에는 공부 대신 경험 기록을 쓰게 해요.
○ "가족사진 찍기", "새로운 음식 먹어보기" 같은 행사 전용 투두리스트도 활용해요.
○ 아이가 플래너를 쓰고 싶지 않아 하면 강요하지 않아도 괜찮습니다.
○ 여행 일정은 아이와 함께 짜보거나 일부 계획을 직접 맡겨보세요.
○ 돌아와서 "오늘 뭐가 가장 기억에 남았어?" 같은 질문으로 플래너를 마무리합니다.

이렇게 적용해요

특별한 날 플래너

플래너에 여행 계획을 미리 쓰고 체크하거나 가족 행사나 여행 등에 다녀온 후 느낀 점을 솔직하게 쓰는 것도 좋습니다. 만약 플래너를 여행지에 챙겨가지 못했다면 숙소에서 제공되는 종이나 관광지에서 받은 팜플렛 등을 활용해서 플래너에 붙이고 본 것, 새롭게 알게 된 점, 느낀 점을 자유롭게 쓰게 합니다.

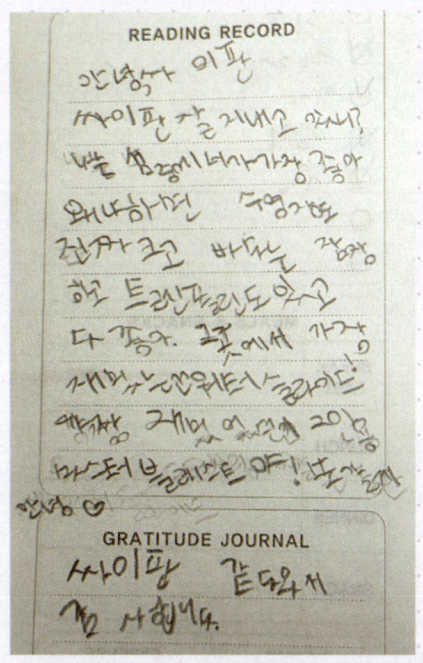

사이판으로 여행을 다녀와서 플래너에 쓴 편지

06
내 아이만을 위한 특별 보상

　플래너를 꾸준히 쓰며 공부와 생활 습관을 실천하려면 아이에게 필요한 건 무엇보다 '보상'이라는 동기 부여입니다. 물론 꾸준한 칭찬과 격려, 정서적인 지지와 공감만으로도 아이는 성장합니다. 하지만 아이의 성향과 관심사를 고려한 맞춤형 특별 보상은 그보다 훨씬 큰 동기를 줄 수 있어요. 단기 보상은 즉각적인 성취감, 장기 보상은 꾸준히 목표를 향해 나아가는 힘을 줍니다. 보상은 반드시 구체적이고 명확하게, 무엇보다 '내 아이에게 맞는 보상'으로 설계되어야 합니다. 보상을 설계할 때는 '게임 30분'처럼 구체적이고 명확해야 합니다. 과도한 보상은 의존성을 키울 수 있으니 적정한 수준을 유지하는 것이 관건입니다.

단기 보상: 오늘의 노력을 바로 인정해 주기

단기 보상은 플래너에 적은 하루 목표를 달성했을 때 주는 보상입니다. 특히 영유아기에는 스스로 스티커를 붙이거나 스탬프를 찍는 것만으로도 충분한 만족감을 얻습니다. 그 행위 자체에 의미가 있으니까요. "오늘 할 일을 다 했으니 ○○이가 좋아하는 그림책 읽어줄게." 이런 작지만 따뜻한 보상도 아이에게는 큰 기쁨입니다. 아이와 보드게임을 하거나, 레고를 조립하거나, 애니메이션을 함께 보는 것도 훌륭한 보상이 됩니다. 노력이 끝난 후의 즐거움, 그 연결을 아이가 직접 느끼게 해주세요.

돈을 활용한 실용적 보상

아이가 '돈'의 개념을 알기 시작하고 편의점에서 간식을 사게 될 무렵부터는 용돈과는 별개의 성과급 개념으로 보상을 정합니다.

예를 들어, '수학 연산 1장 풀기', '영어 숙제하기', '독서 30분' 등의 과업을 각각 10원으로 정하고 하루 목표를 모두 달성했을 때 두 배 보상을 주는 식입니다. 7가지 과제를 모두 끝내면 원래는 70원이지만 "다 해냈으니까 오늘은 140원!" 하고 보상을 주는 거죠. 문제집 한 권을 끝냈을 땐 5천 원의 보상을 주는 식으로 성과에 따라 보상의 수준을 구체화하면 아이도 자신의 노력을 숫자와 결과로 실감할 수 있습니다.

초등학교 5학년이 되고 플래너 쓰기에 익숙해진 첫째는 매일 할 일은 다 하고 있는데 총액이 너무 적은 것 같다고 하여 개당 50원으로 올려주었어요. 대신 2배 보상은 없애고요. 이런 시스템은 아이와 함께 의논해 만드는 과정도 중요합니다. 무엇보다 단기 보상의 핵심은 "노력하면 바로 즐거움이 온다"라는 경험을 만들어주는 것이니까요.

장기 보상: 큰 목표를 향한 동기 만들기

장기 보상은 한 달 또는 한 학기 단위처럼 더 긴 시간 동안 꾸준히 실천했을 때 주는 보상입니다. 보상을 특별한 날로 정하면 아이는 그날을 기대하며 더 열심히 계획대로 살아갑니다.

예를 들어, 한 달 동안 플래너를 80% 이상 채우면 '영화관 데이'를 만들어 원하는 영화를 보러 가거나, 집에서 간식과 함께 영화를 보는 '무비 데이'를 열 수도 있습니다. '게임 데이'를 만들어 2시간 동안 실컷 게임하게 해주는 것도 좋습니다.

실제로 저는 겨울방학 동안 두 달간 플래너를 성실히 실천한 두 아들과 함께 친구들을 초대해 피자와 치킨을 시켜놓고 '게임 데이'를 열었던 적이 있습니다. "오늘 생일이에요?"라는 소리가 나올 만큼 그날의 기억은 아직도 아이들에게 특별한 추억으로 남아 있습니다. 함께했던 친구들도 오래 기억할 만큼 행복한 시간이었지요.

보상은 아이를 더 잘 이해하는 도구이기도 해요. "게임만 좋아할 줄 알았는데 요즘 보드게임을 더 좋아하는구나." 혹은 "영화관에 가서 팝콘을 먹으면서 OOO을 보고 싶구나!" 이와 같이 아이의 현재 관심사를 알아가는 기회가 되기도 해요. 나중에는 부모님 없이 친구들과 가겠다고 하는 날도 오겠지요? 그때는 자연스럽게 친구 관계나 사회성도 확인할 수 있는 기회가 됩니다.

　보상을 활용할 때 몇 가지 주의할 점도 있습니다. 첫째, 작게 시작하는 것입니다. 처음부터 큰 보상을 주게 되면 '보상을 위한 공부'로 변질될 위험이 있습니다. 아이가 공부의 의미와 습관의 가치를 스스로 이해할 수 있게 정서적 동기와 이야기를 자주 나눠주세요. 둘째, 일방적으로 보상을 정하기보다는 아이와 함께 '무엇을 원하고, 어떻게 받을지' 대화하세요. 함께 정한 보상은 효과도 훨씬 큽니다. 물론 이때도 과도한 보상은 금물입니다. 셋째, 물질적 보상만이 답은 아닙니다. 과정에 대한 칭찬과 긍정적인 피드백, 함께 보내는 시간, 특별한 활동 등 정서적 보상도 꼭 병행해 주세요. 마지막으로 보상을 유연하게 조정할 수 있어야 합니다. 아이에 따라 두 달에 한 번이던 보상을 한 달에 한 번으로 바꾸고, 보상으로 정했던 목표에 더 이상 관심이 없다면 다른 것으로 변경할 수 있도록 허용하는 등 유연성이 필요합니다.

　단기 보상은 하루의 수고를 인정해 주는 작은 포상이고, 장기 보상은 꾸준함에 대한 보람을 느끼게 합니다. 이 둘이 잘 어우러질 때 플래너는 아이에게 '지루한 숙제 체크리스트'가 아니라 재미있는 도전의 공간이 됩니다. 오늘도 내 아이만을 위한 특별한 보상을 플래너에 담아 공부와 즐거움이 함께하는 하루를 만들어보세요.

내 아이만을 위한 맞춤형 보상은 플래너를
재미있는 도전으로 바꿔주는 강력한 힘이 됩니다.

실천 팁

- **단기 보상**
  - 스티커, 그림책 읽기, 게임 30분, 보드게임 같이 즉시 가능한 보상을 준비해요.
  - 과업별로 10원~50원씩 책정한 '성과급 방식'도 활용해요.

- **장기 보상**
  - '게임 데이', '영화관 나들이', '친구 초대 홈파티'처럼 기대할 수 있는 특별한 날을 만들어주세요.
  - 달성 기준(예: 플래너 80% 이상)을 명확히 정해요.

- **주의사항**
  - 보상으로 너무 큰 걸 주거나 자주 주는 걸 경계해요.
  - 아이와 함께 보상을 정하며 의미와 과정을 공유하세요.
  - 긍정적인 피드백과 칭찬은 언제나 함께하세요.
  - 아이의 변화에 따라 보상의 내용과 시기를 유연하게 조정하세요.

이렇게 적용해요

스페셜 보상 데이

    좋아하는 음식들을 잔뜩 준비하고 평소 잘 지내는 친구들을 초대하여 신나게 게임 데이를 즐겼어요. 2달에 가까운 방학 동안 하루도 빠짐없이 열심히 플래너 쓰고 공부했던 것에 대한 보상이었답니다. 친구들은 모두 생일 파티에 초대된 기분이었다고 해요. 당연히 두 아들도 신나서 두고두고 이날 일을 떠올렸답니다.

게임 데이 친구들 초대 모습

07 물질적인 보상보다 중요한 것

  습관을 형성하는 초기 단계에서 보상은 아이들이 플래너 쓰기를 꾸준히 실천하도록 동기를 부여하는 데 꼭 필요합니다. 하지만 물질적 보상에만 의존하면 외부 보상이 사라졌을 때 아이는 스스로 동기를 잃을 수 있습니다. 반면, 과정에 대한 따뜻한 칭찬과 진심 어린 피드백은 아이의 내면을 채우고 장기적인 습관으로 이어지는 강한 힘이 됩니다.

  "오늘 수학 문제가 어려웠는데 끝까지 포기하지 않고 풀었네!"

  이 한마디는 정답 여부와 상관없이 노력 그 자체를 인정하는 메시지입니다. 이렇게 과정에 의미를 두는 칭찬은 아이에게 '노력이 가치 있는 일'이라는 감각을 심어줍니다.

"오늘 새로운 한 주의 시작인 월요일이라 피곤했을 텐데, 플래너를 쓰다니 대단하다!"

이런 피드백은 아이의 작은 실천에도 의미를 부여합니다. 누구나 피로를 느끼기 쉬운 월요일, 그 속에서도 스스로 계획을 세우고 실천한 아이의 노력이 얼마나 기특하고 대견한 일인지 함께 느껴주는 거죠. 또한 아이들에게 '내가 하는 노력이 작은 것이 아니다'라는 자신감을 심어줍니다. 이것은 자신을 긍정적으로 바라보는 태도로 이어지고, 플래너 쓰기를 넘어 공부와 생활 전반에서 꾸준함을 유지하는 원동력이 됩니다.

플래너도 아이와 부모 사이의 소통 창구가 될 수 있습니다. 그저 계획을 적는 도구가 아니라 아이의 하루를 돌아보고, 감정을 나누고, 노력을 함께 칭찬할 수 있는 공간이 되도록 활용해 보세요.

예를 들어, 아이가 플래너에 "오늘 과학 시간에 실험했는데 재밌었어요"라고 적었다면 부모님께서 "실험이 재밌었다니 좋았겠네! 어떤 실험이었니?"라며 자연스럽게 대화를 시작할 수 있습니다. 이런 질문을 통해 아이의 학습 경험과 감정 상태를 들여다볼 수 있고 "실험을 관찰한 걸 보니 꼼꼼하구나!" 하는 칭찬으로 이어질 수도 있습니다.

더 나아가 플래너는 교우 관계나 감정 상태를 파악하는 창구가 되기도 합니다. "오늘 친구랑 놀이터에서 놀았어요"라는 문장을 보고 "친구와 즐겁게 논 걸 보니 기쁘네, 어떤 놀이를 했니?"라고 물어보면 아이의 사회적 관계를 들여다볼 수 있습니다. 이런 대화 속에서 "플래너에 이렇게 기록을 하니 엄마도 너의 하루를 알 수 있고, 너도 네 하루를 돌아볼 수 있어서 참 좋은 것 같아. 정말 잘하고 있어!"라는 칭찬을 덧붙이면, 아이는 플래너 쓰기가 단순한 숙제가 아니라 자신을 표현하고 인정받는 도구임을 느끼게 됩니다.

물질적인 보상은 단기적으로는 큰 효과가 있을 수 있습니다. 하지만 지속적으로 습관을 유지하는 힘은 결국 아이의 내면에서 나오는 동기입니다. 칭찬과 관심은 내면을 풍요롭게 만들고 아이가 스스로를 믿으며 성장할 수 있는 기반을 마련합니다. 플래너 쓰기의 진짜 목적은 '공부를 잘하게 하자'가 아닙니다. 아이가 매일 자신의 하루를 돌아보며 "나는 할 수 있어." "나는 나를 믿어."라고 말하게 만드는 것, 그것이 플래너가 주는 가장 큰 선물입니다. 바쁘더라도 하루 몇 분, 혹은 주말에 시간을 내어서 꼭 아이의 플래너를 들여다보고 한마디를 건네보세요. 그 작은 노력이 아이의 미래를 바꾸는 커다란 발걸음이 되어줄 것입니다.

> 과정에 대한 따뜻한 칭찬은 아이의 내면을 채우고
> 플래너 쓰기를 삶의 즐거운 습관으로 바꿔줍니다.

실천 팁
○ "정답이 아니라 과정"을 칭찬해요.
○ 작고 사소한 실천에도 의미를 부여하세요.
○ 아이가 플래너에 적은 내용으로 대화합니다.
○ 플래너를 통해 아이의 감정과 친구 관계도 살펴보세요.
○ 매일이 어렵다면 주 1회라도 플래너를 함께 보며 한 줄 칭찬, 짧은 응원의 말을 꼭 건네주세요.
○ 플래너가 숙제가 아닌 자기 표현과 대화의 도구가 되도록 활용해 주세요.

이렇게 적용해요

자녀와 소통 창구

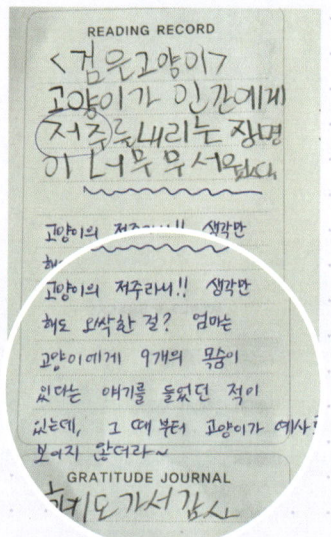
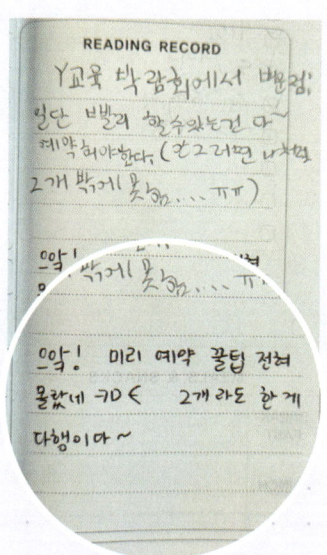

아이가 『검은 고양이』라는 책을 읽고 쓴 내용을 보고 '고양이'에 대한 제 생각을 적어주었습니다. 아이가 적은 감사 일기 옆에 함께 감사하고 싶은 점이 있다면 추가로 적기도 합니다. 혹은 아이가 있었던 일에 대해 공감하는 말을 써넣기도 하지요.

08
실수와 실패를
학습의 기회로 만드는 법

플래너를 쓰다 보면 계획한 모든 일을 다 하지 못한 날도 생기기 마련입니다. 이런 순간에 부모가 어떻게 반응하느냐가 아이의 태도와 습관 형성에 큰 영향을 미칩니다. 실패를 부끄러워하거나 두려워하게 만들기보다는 오히려 성장의 계기로 받아들일 수 있도록 부모님의 따뜻하고 유연한 반응이 필요합니다. 플래너는 완벽함을 위한 도구가 아닙니다. 아이가 시행착오를 겪으며 자기 주도적인 태도를 키워나가는 과정을 기록하는 소중한 동반자입니다.

아이들이 플래너에 세운 계획을 다 지키지 못했을 때, "왜 다 못 했어?"라며 실망한 표정을 짓거나 야단치면 아이는 실패에 대한 두려움을 갖게 됩니다. 그러면 플래너 쓰기 자체가 부담으로 느껴지고, 결국 습관을 꾸준히 이어가는 데 방해가 될 수 있어요. 대신, "오늘 계획했던 걸 다 못 했어도 괜찮아. 어떤 부분이 어려웠는지 같이 볼까?" 이런 말로 접근해 주세요. 실패는 끝이 아니라 새로운 시작을 위한 발판이라는 걸 알려주는 겁니다.

예를 들어 아이가 플래너에 '수학 문제집 2장 풀기'를 적었지만 결국 5문제만 풀고 멈췄다면, "5문제라도 풀었으니 대단하다! 나머지는 내일로 옮겨볼까?" 라고 말합니다. 이런 말 한마디가 아이에게 '나는 못한 게 아니라 조금이라도 해냈다'라는 감각을 줍니다. 완수하지 못한 결과보다 내디딘 한 걸음의 의미를 먼저 인정해 주세요.

플래너는 고정된 틀이 아니라 아이의 상황에 따라 유연하게 수정할 수 있는 도구입니다. 만약 계획한 분량을 다 소화하지 못했다면, 그날의 컨디션이나 난이도를 고려해 계획을 조정하는 법을 알려주세요. "오늘은 피곤했나 보다. 수학 문제집을 2장 대신 1장으로 바꿔볼까?"라며 아이와 함께 플래너를 다시 쓰는 과정을 거쳐보세요. 이런 경험은 아이에게 '실패가 아니라 조정한 것'이라는 긍정적인 인식을 심어줍니다.

또한 문제집을 바꾸는 것도 괜찮다는 것을 알려주세요. 예를 들어, 심화 문제집이 너무 어렵다면 "이 문제집이 조금 부담스러운가 보네. 문제집을 바꿔서 해 볼까?"라며 부담을 덜어주세요. "1문제라도 깊이 생각하는 걸로도 충분해." 이런 격려는 학습의 깊이와 태도에 집중하게 만듭니다. 플래너 쓰기는 완벽한 결과물을 위한 도구가 아니라 아이가 스스로 학습을 조절하며 성장할 수 있도록 돕는 과정임을 강조해 주세요.

계획을 지키지 못한 날은 그저 "못했네" 하고 넘기지 마시고, 함께 들여다보는 시간을 가져보세요. "오늘 수학을 덜 했는데, 혹시 어려운 부분이 있었니?" "친구랑 다퉈서 기분이 안 좋았다고 썼는데, 무슨 일이 있었어?" 이런 대화는 플래너를 단순한 일정표가 아니라 감정과 하루의 흐름을 담은 소통의 창구로 만들어줍니다. "그래도 이렇게 플래너에 적었으니 대단하네." 작은 노력도 놓치지 않고 칭찬해 주세요. 이런 따뜻한 관심은 실수도 털어놓을 수 있는 안전한 공간을 만들어줍니다.

실수와 실패는 학습 과정에서 피할 수 없는 경험입니다. 중요한 건, 그 순간을 어떻게 바라보고 활용하느냐입니다. 플래너에 적은 계획을 다 지키지 못했다고 해서 아이를 나무라기보다는 "이번엔 이렇게 됐지만, 다음엔 어떻게 하면 좋을지 같이 생각해볼까?"라며 앞으로 나아갈 방향을 제시해 주세요. 예를 들어, 아이가 매일 '영어 단어 10개 외우기'를 계획했는데 3일째 되니 지쳤다면 "10개가 부담스러웠나 보네. 5개로 줄여서 조금씩 해보자."

이처럼 계획을 아이의 속도에 맞게 조정해 주는 과정은 실패를 교훈으로 바꾸는 가장 좋은 연습입니다.

플래너 쓰기의 핵심은 아이가 자신을 믿고 학습을 즐길 수 있는 환경을 만들어주는 데 있습니다. 부모님의 따뜻한 관심과 유연한 태도가 아이에게 실패를 학습의 기회로 바꾸는 힘을 줄 겁니다. 플래너는 완벽한 계획표가 아니라, 아이와 함께 성장하며 만들어가는 이야기책이라는 점을 기억해 주세요. 실패도 성장의 일부로 받아들이는 태도는 아이에게 평생 도움이 되는 탄탄한 마음의 근력이 됩니다. 아이의 속도에 맞게 오늘도 한 걸음씩 걸어갈 수 있도록 따뜻한 응원을 전해 주세요.

실수와 실패는 아이가 성장하는 과정이며
따뜻한 피드백과 유연한 조정이 아이를 다시 일으켜 세웁니다.

실천 팁: 실패의 순간, 이렇게 반응해 주세요.
○ "왜 못했어?" 대신 "어떤 부분이 어려웠어?"라고 물어보세요.
○ 계획을 완수하지 못해도 시도한 과정을 먼저 칭찬해 주세요.
○ 분량을 줄이거나 문제집을 바꾸는 등, 계획은 유연하게 조정해 주세요.
○ 아이가 감정을 털어놓을 수 있도록 비난보다 이해의 태도를 보여주세요.
○ "오늘은 이랬지만, 내일은 어떻게 해볼까?"처럼 미래 지향적인 대화해 보세요.
○ 플래너는 완벽한 기록이 아니라 실수도 기록하는 성장 일기임을 알려주세요.

Part 4

플래너 활용법

심화 단계

01
플래너로 시작하는 정리정돈 습관

플래너를 쓰다 보면 자연스럽게 이런 질문이 나오기 마련입니다. "엄마, 플래너 어딨어요?" 처음에는 단순히 플래너를 찾는 질문처럼 들릴 수 있지만, 이 말 속에는 정리정돈 습관을 만들어갈 수 있는 중요한 단서가 숨어 있습니다. 플래너 하나로 시작해서 책상 정리, 물건 정리, 심지어 옷 개기까지 확장할 수 있는 습관의 씨앗을 심어줄 수 있지요.

아이가 "플래너 어딨어요?"라고 묻는 그 순간, "여기 책들 사이에 있잖아"라고 바로 알려주는 대신 "우리 플래너 자리 정할까?" 하고 함께 고민해 보세요. 예를 들어 "책상 왼쪽 첫 번째 서랍에 두면 어떨까?"라고 제안하면서 아이가 원하는 자리가 따로 있는지도 물어보는 것이 좋습니다. 정해진 자리가 생기면 사용 후에는 그 자리에 다시 두는 습관도 함께 길러야 합니다. 처음에는 익숙하지 않을 수 있으니 "다 썼으면 제자리에 놓는 거 도와줄게"라고 말하며 함께 습관을 만들어 주세요. 이렇게 플래너의 자리를 정하는 단순한 행동을 통해, 아이는 '모든 물건에는 제자리가 있다'라는 개념을 자연스럽게 배우게 됩니다.

책상 정리는 정리정돈 습관을 확장해 가는 데 중요한 출발점입니다. 플래너를 편하게 쓰려면 책상이 어느 정도 정돈되어 있어야 하니까요. 아이의 책상 위에 연필, 지우개, 문제집 등이 어지럽게 놓여 있다면 "플래너 쓰기 전에 책상 조금만 정리해 볼까?"라고 가볍게 제안해 보세요. "연필은 연필꽂이나 필통에 넣고, 문제집은 책꽂이에 꽂아두면 플래너 쓸 공간이 생기겠네"처럼 구체적인 행동을 함께 이야기해 주세요. 정리가 익숙하지 않은 아이에게는 책상 위에 '정리 체크리스트'를 붙여두는 것도 좋은 방법입니다.

책상 정리에 익숙해지면 자연스럽게 정리 범위를 넓혀 보세요. "플래너를 제자리에 두는 것처럼 책도 책꽂이에 넣어볼까?"라며 일상 속 물건으로 확장하는 것이지요. 처음엔 부모님이 함께 정리를 도우면서 "이렇게 하니까 물건 찾기가 쉬워졌네"라고 칭찬하고, 점차 아이가 혼자 정리할 수 있도록 격려하는 방식이 효과적입니다.

정리정돈은 하루아침에 완성되는 습관이 아니므로 "조금씩 함께 해 보자"라는 마음으로 접근해 주세요.

　정리 습관은 책상에만 머무르지 않습니다. 예를 들어, 아이가 옷을 아무 데나 벗어 놓는다면 "플래너를 제자리에 놓듯이, 옷은 세탁 바구니에 넣자"라고 연결해 보세요. "세탁한 옷을 스스로 개서 서랍에 넣으면 다음에 입을 때 찾기 쉬울 거야. 엄마가 넣어두면 어디에 있는지 기억이 안 날 수도 있으니까"라며 구체적인 이유도 함께 설명합니다. 이때는 양말이나 수건처럼 작은 세탁물부터 시작해서 옷 개기 연습을 하면 좋습니다. 아이가 정리 과정을 어렵지 않게 느끼고, 스스로 해냈다는 성취감을 맛볼 수 있도록 칭찬도 잊지 말아 주세요.

　아이가 "플래너 어딨어요?"라고 물을 때마다 부모님이 직접 찾아주면 당장은 편리할 수 있습니다. 하지만 그럴수록 아이는 스스로 물건을 정리하고 찾는 법을 익히지 못합니다. 예를 들어, 엄마가 책꽂이에 꽂아두었는데 아이가 그 사실을 모른다면 같은 질문이 반복될 수밖에 없습니다. 이런 상황이 계속되면 아이는 정리정돈의 중요성을 느끼지 못하고, 무조건 부모에게 의존하게 됩니다.

　플래너 쓰기는 공부 계획을 세우는 데 그치지 않고, 정리정돈이라는 생활 습관까지 연결되는 강력한 도구가 될 수 있습니다. "플래너를 제자리에 놓는 것처럼, 다른 물건도 제자리를 찾아주면 어떨까?"

하는 제안부터 실천해 보세요. 정리를 잘해 방이 깔끔해졌다는 칭찬을 들으면, 아이는 정리정돈이 주는 만족감을 느끼고 점점 스스로 정리하는 습관을 만들어갑니다. 정리정돈 습관은 아이가 자라면서 자기 공간을 책임지고 학습을 효율적으로 관리할 수 있게 하는 큰 밑거름이 됩니다.

바쁘더라도 아이와 함께 플래너의 자리를 정해보세요. 그 습관을 일상으로 확장해 나가면, "엄마, 플래너 어디 있어요?"라는 질문이 어느새 사라지는 경험할 수 있을 거예요. 플래너 하나로 시작된 정리 습관이 아이의 삶을 더욱 단단하고 건강하게 만듭니다.

플래너를 제자리에 두는 작은 습관은
책상 정리부터 옷 개기까지,
아이의 정리정돈 능력을 키우는 첫걸음이 됩니다.

이렇게 적용해요

플래너 지정석

　물건을 잘 찾게 하려면 지정된 자리를 마련하는 것이 좋습니다. 플래너 자리를 정해 두지 않으면 책상이나 바닥에 굴러다니다 잃어버리게 됩니다. 책상 옆이나 위에 카드 혹은 바구니 등을 이용하여 플래너뿐만 아니라 요즘 읽는 책, 풀어야 할 문제집 등을 꽂아두세요.

가사 분담표

분류	항목	주기	담당자
쓰레기	일반쓰레기	주1회	아빠
	음식물쓰레기	주1회	아빠
	재활용분리수거	주1회	가족 모두
청소	청소기 돌리기	평일 1회	엄마
		주말 1회	아빠
	거실화장실	주1회	아빠
	안방화장실	주1회	엄마
	방 정리	수시	각자 자기방
빨래	세탁기/건조기 돌리기	평일	엄마
		주말 & 공휴일	아빠
	빨래 개기	수시	자기 빨래 개어 넣기
주방	요리	평일	엄마
		주말 & 공휴일	아빠
	설거지	평일	엄마 주도(자녀 함께)
		주말 & 공휴일	아빠
	식사 후 자리 정리	수시	가족 모두

    가사일 분담은 자녀의 책임감과 자기조절력을 키워 학업 성취에도 긍정적인 영향을 줍니다. 서울대 교육학과 신종호 교수는 "집안일을 하는 아이는 계획적으로 움직이고 집중력이 높아져 공부에도 도움이 된다"라고 말합니다. 물론 정해진 역할대로 완벽하게 수행하기 어렵습니다. 하지만 '집안일이 이렇게 많구나!'라는 것을 확인하는 것만으로도 큰 도움이 됩니다. 자기 빨래를 개거나, 개어진 옷가지를 정리해 넣는 것, 다 먹은 그릇을 개수대에 넣는 것 등 작은 일부터 꾸준히 할 수 있게 도와주세요.

02
학습 과정을 기록하는 플래너

　공부 습관을 형성하는 데 있어 플래너 쓰기는 아이들에게 큰 도움을 줍니다. 단순히 할 일을 적고 체크하는 것을 넘어, 학습 과정을 기록하고 복습하며 자기를 돌아보는 도구로 활용할 수 있지요. 처음에는 시간과 할 일만 간단히 체크하는 수준에서 시작해도 충분합니다. 하지만 점차 익숙해지면 플래너는 공부한 내용을 정리하고 느낌이나 새롭게 알게 된 점을 기록하며 아이의 성장을 이끄는 소중한 공간이 됩니다.

　플래너 쓰기를 처음 시작할 때는 아이가 부담을 느끼지 않도록 하는 것이 중요합니다. 예를 들어 '3시에 수학 문제집 1쪽 풀기'처럼 시간과 과제를 간단히 적고 완료 후 체크 표시만 해도 괜찮습니다. 이런 단순한 시작이 아이에게 플래너를 꾸준히 사용하는 습관을 만들어줍니다. 처음부터 너무 많은 것을 요구하면 오히려 부담스러울 수 있으니, "시간과 할 일만 체크해도 잘하고 있는 거야"라고 가볍게 격려해 주세요.

조금 익숙해지면 플래너에 짧은 느낌을 한두 문장 적어보도록 제안해 보세요. 예를 들어 "오늘 목표인 수학 10문제를 풀어서 기쁘다"처럼 간단한 감정을 적는 것만으로도 충분합니다. 이 과정을 통해 아이는 자신의 노력을 돌아보고 작은 성취를 스스로 인식하게 됩니다. 한 문장만 적었을 뿐인데도 그날의 감정과 상황이 생생하게 남고, 플래너는 단순한 계획표를 넘어 아이의 마음을 담는 공간으로 변하게 됩니다. 이때 부모님이 "오늘 목표했던 걸 다 해내서 기쁘구나!" 하고 반응해 준다면 아이는 기록하는 습관에 더 애착을 갖게 됩니다.

더 익숙해진 아이는 공부한 내용을 짧게 정리하는 방식으로 플래너를 활용할 수 있습니다. 예를 들어 과학 공부를 한 날에는 "열의 이동은 대류, 전도, 복사로 나뉜다"와 같은 식으로 배운 핵심을 한 문장으로 적어보는 것입니다. 처음에는 "뭘 적어야 할지 모르겠어요"라며 망설일 수 있지만 "오늘 배운 것 중 기억에 남는 한 가지만 적어도 돼"라고 부담을 덜어주는 말이 도움이 됩니다. 이렇게 쌓인 기록은 나중에 복습할 때 매우 유용한 자료가 됩니다. 공부한 내용을 플래너에 남기면 학습을 마치는 것으로 끝나는 것이 아니라, 머릿속에서 다시 정리하고 되새기며 기억에 오래 남게 됩니다.

플래너에 남긴 기록은 시간이 지나면서 '공부 일기' 또는 '배움 노트'의 형태로 아이만의 지식 창고가 됩니다. 예를 들어, 한 달 후 다시 플래너를 펼쳤을 때 "열의 이동은 대류, 전도, 복사로 나뉜다"는 문장을 보며 당시 수업을 떠올리고 복습할 수 있게 되지요. 이런 방식은 메타인지, 즉 '내가 무엇을 알고, 무엇을 더 배워야 하는지'를 스스로 판단하는 힘을 기르게 해줍니다. 이때 부모님이 "이렇게 잘 정리했으니 나중에 시험 전에 다시 보면 좋겠다"라고 칭찬하면 아이는 기록의 중요성과 가치를 더 깊이 느끼게 됩니다.

플래너에 기록한 내용은 복습의 훌륭한 재료가 됩니다. 처음에는 시간과 할 일만 체크하던 플래너가 점차 "수학 10문제를 풀었다"는 기록에서 "문제 풀이에서 실수를 줄이는 법을 알게 됐다"라는 내용으로 발전하면 아이는 자연스럽게 배운 것을 되새기는 시간을 갖게 됩니다. 예를 들어, 한 달 뒤 플래너를 다시 펼쳤을 때 "열의 이동은 대류, 전도, 복사로 나뉜다"라는 문장을 보고 "아, 그때 이걸 배웠지"라며 기억을 떠올릴 수 있습니다.

복습의 효과를 극대화하려면 부모님께서 가끔 "지난주 플래너에 적은 걸 같이 볼까?"라며 대화를 나눠보세요. "이때 열의 이동을 배웠는데, 아직 기억나니?"라고 물으며 자연스럽게 복습으로 연결해주세요. 아이가 "대류가 뭐였더라?"라며 답변을 하지 못하면, "그때 정리한 걸 보니 이렇게 적었네."라며 플래너를 함께 들여다보는 겁니다. 이런 과정은 아이가 기록한 내용이 단순히 지나가는 메모가 아니라 학습을 이어가는 데 실질적인 도움을 준다는 걸 느끼게 해줍니다.

또 플래너는 독서 활동을 기록하는 도구로도 활용할 수 있습니다. 책을 읽은 뒤 제목과 함께 "오늘 읽은 책에서 '친구와의 우정'이 얼마나 소중한지 알게 됐다"처럼 한 문장만 적어도 괜찮습니다. 이런 기록은 아이의 감정과 생각을 드러내며, 책의 내용을 더 오래 기억하게 만들어줍니다. "해리 포터를 읽고 마법보다 용기가 더 멋지다고 느꼈다"라고 쓰는 것은 단순한 독서 활동을 넘어 아이의 정서를 담은 기록으로 남게 됩니다. 이때 "이 책에서 뭘 배웠는지 플래너에 적었구나! 어떤 내용인지 들려줄래?"라고 부모님이 관심을 보이면 아이는 책 읽기와 기록을 더 즐기게 됩니다.

기록은 아이의 자아를 표현하는 좋은 방법이기도 합니다. 처음에는 간단한 시간표에서 출발한 플래너가 점점 아이의 감정, 학습의 핵심, 독서에서 느낀 점까지 담아내며 자신만의 보물 상자로 성장합니다. 한 줄씩 쌓이는 기록은 아이의 노력과 성장을 고스란히 보여주는 발자취가 됩니다. 바쁘시더라도 잠깐 아이의 플래너를 함께 들여다보시고, "와, 이때 이런 걸 배웠구나. 정말 잘했네"라는 따뜻한 한마디를 건네주세요. 플래너를 통한 학습 기록은 아이가 배운 것을 되새기고, 스스로 성장하는 발판이 될 것입니다. 플래너가 단순한 계획 도구를 넘어, 아이의 노력과 성장을 담은 소중한 친구가 되길 바랍니다.

플래너는 계획표를 넘어 아이의 학습과 감정을 기록하며
성장을 이끄는 '배움 일기'가 됩니다.

실천 팁: 학습 기록 플래너 활용 팁
○ 처음에는 '시간 + 할 일'만 체크하도록 유도해 주세요.
○ 익숙해지면 감정을 짧게 적게 해보세요.
○ 한 문장씩 공부 내용을 정리하게 도와주세요.
○ 책을 읽은 날은 책 제목과 감상을 한 줄 남기게 해보세요.
○ 복습할 때 "예전에 이거 배웠었지?" 하며 플래너를 함께 펼쳐보세요.
○ 아이의 표현에 "이렇게 생각했구나" "이걸 기억하고 있었네!" 등의 반응을 꼭 남겨
  주세요.

03
배움 노트로 플래너 활용하는 법

플래너를 단순히 하루 일정을 관리하는 도구로만 쓰기에는 아까운 면이 있습니다. 학습 내용을 정리하고 오답을 복습하며 스스로 배운 것을 점검하는 도구로 확장해보면 훨씬 더 효과적인 자기 주도 학습의 도구로 활용할 수 있지요. 플래너를 통해 학습 내용을 구체적으로 기록하고 확장할 수 있는 방법이 있습니다.

가장 먼저, 플래너에 '오늘 배운 내용'을 간단하게 정리하는 습관을 들이면 좋습니다. 매일 학교에서 배우는 수업 중 가장 핵심적인 개념이나 새롭게 알게 된 내용을 한두 문장으로 적는 방식입니다. 인간은 망각의 동물이라고 하지요? 상위권 학생들은 복습을 통한 망각률을 줄이는 것을 굉장히 중요하게 생각합니다. '백지 노트'처럼 배운 내용을 빈 종이에 적어보는 것도 좋은 학습 출력법 중 하나입니다. 배운 내용을 많이 쓰지 못해도 괜찮아요. "오늘 배운 것 중 제일 중요하다고 생각한 게 뭐야?" 혹은 "오늘 수업 중에서 제일 재미있었던 건 뭐였어?"라고 질문해 보세요. 긴 문장이 부담된다면 '광합성', '엽록소'처럼 키워드만 써도 좋고, 글쓰기 대신 간단한 그림이나 마인드맵으로 표현해 보도록 격려해 주세요. 수학 시간에 새로 배운 공식을 적거나 사회 시간에 새롭게 배운 용어나 개념을 짧게 써보는 것도 좋습니다. 이런 공부 방식은 자신이 무엇을 알고 모르는지 파악하는 메타인지를 키우고 복습 시간을 단축하며 장기 기억에도 도움이 됩니다.

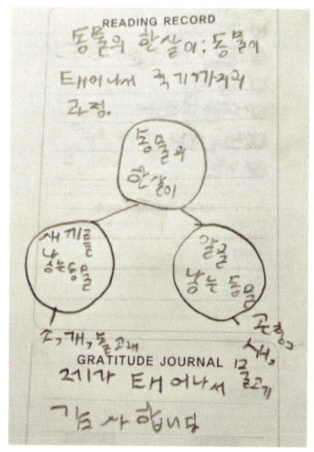 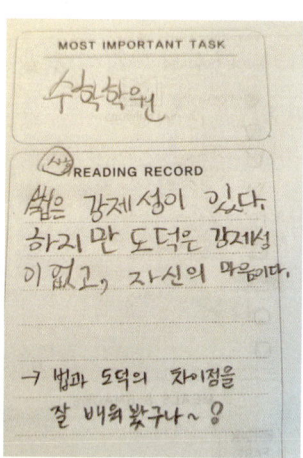

(좌) 초등학교 3학년 1학기 과학 '동물의 한살이'
(우) 초등학교 5학년 사회 '법의 의미'

다음으로 플래너 속 '오답 노트'입니다. 오답 노트를 따로 만들기 번거롭고 이런저런 노트들을 다 챙기는 게 부모 입장에서도 쉬운 일이 아닙니다. 그럴 때 플래너의 메모란을 활용하거나 포스트잇을 붙여서 틀린 문제의 핵심만 정리하게 합니다. 전체 문제를 다시 적기보다 '왜 틀렸는지' 확인하며 다시 풀어보게 합니다. 계산 실수였는지, 개념이 부족했는지, 문제를 잘못 읽었는지를 간단히 분석해 본 이유를 적는 것도 좋습니다. 정답과 간단한 풀이, 관련 개념을 함께 적어두면 두 번 다시 실수하지 않도록 기억하는 것에 도움이 되겠죠? 주말이나 특정한 요일을 정해, 플래너 속 오답들을 다시 살펴보는 시간을 갖는 것도 좋습니다. 따로 오답 노트를 만들지 않아도 꾸준히 복습하고 약점을 파악할 수 있다는 점에서 부담은 줄이고 효과는 높일 수 있는 방법입니다. 다음처럼 간단하게 다시 풀어만 봐도 좋습니다. 시작은 무조건 가볍게 합니다.

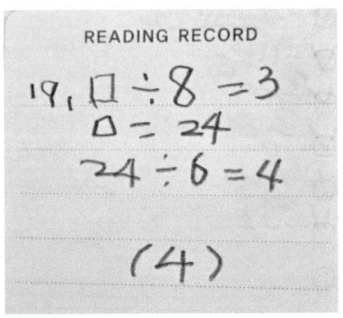

초등학교 3학년 EBS 만점왕 '나눗셈'

세 번째 방법은 '지식 연결 메모'입니다. 플래너에 단순히 그날 배운 내용을 적는 것에서 한발 더 나아가, 이전에 배운 개념이나 다른 과목과 연결해보는 거예요. 예를 들어, 과학 시간에 '식물의 한살이'를 배웠다면 "국어 시간에 읽은 '강아지똥' 동화랑 비슷하네"처럼 자신의 경험이나 타 과목과 연결되는 생각을 메모해보도록 도와주세요. 이런 연결은 단순한 지식이 아니라 통합적인 이해로 이어지며 기억력과 응용력을 키워주고 창의적인 사고에도 긍정적인 영향을 미칩니다.

또 요즘 아이들이 흥미로워하는 현상이나 사물 등을 학습과 연결하게 도울 수도 있어요. 요즘 '이탈리안 브레인롯'이 학생들 사이에서도 유행하고 있어요. "대체 그게 뭐야? 무슨 엉뚱한 말을 하고 있어!"라고 나무라기보다 함께 유행하는 이유를 찾아보고 플래너에도 적어보세요. 글쓰기를 싫어하는 아이들도 자신이 관심 있는 대상에 대해 쓰는 건 무척 좋아합니다. "네가 가장 좋아하는 캐릭터는 뭐야? 만약 새로운 캐릭터를 만든다면 어떤 걸 만들고 싶어? 그것의 특징도 써 줘!"라고 질문을 했더니 그림도 그리고 글도 즐겁게 쓰더라고요. 이 캐릭터 이름에 학교에서 배운 '동시'의 운율이 있다는 이야기도 나누었어요. "시에는 '운율'이 있는데 '운'은 같거나 비슷한 소리가 되풀이되는 것이고, '율'은 음의 높낮이, 강함과 약함, 길고 짧음, 글자 수가 규칙적으로 반복되는 거야. 이 캐릭터들도 반복되는 소리나 리듬이 있어서 재미있게 느껴지는 것 같아."

마지막으로 플래너는 학습 목표를 세우고 스스로 성찰하는 도구로도 훌륭하게 활용될 수 있습니다. 예를 들어, 주간 계획을 세울 때 지난주 플래너에 적어둔 오답이나 궁금증을 확인하고 이번 주의 목표로 삼아보는 것이지요. "지난주 분수 문제에서 자꾸 틀렸으니 이번 주엔 분수 문제 5개 풀기"처럼 말이에요. 혹은 "지난주에 삼투 현상이 궁금했는데 주말에 백과사전에서 찾아보기" 같은 활동도 좋습니다. 그리고 주말이나 월말에 플래너를 보며 성찰 질문에 스스로 답하게 합니다. "이번 주에 가장 잘 이해한 건 뭐였지?",

"어려웠던 건 어떻게 해결했을까?", "플래너를 기록하면서 어떤 점이 도움이 되었니?" 같은 질문은 아이의 자기 점검 능력을 높여주고 학습 전략을 개선하는 데도 도움이 됩니다.

물론 처음부터 이 모든 방법을 다 시도하려고 하면 아이가 금세 지치고 흥미를 잃을 수 있어요. 아이가 흥미를 보이는 한두 가지부터 시작해서 점차 늘려가는 것이 좋습니다. 또 기록 자체가 스트레스가 되지 않도록 '핵심만 간결하게 적기'의 원칙을 지켜주세요. 위에서 소개한 방법들은 예시일 뿐이고, 아이가 자신만의 방식으로 조금씩 변형해가며 활용하도록 격려하는 것이 중요합니다. 무엇보다 중요한 것은 매일 짧게라도 꾸준히 기록하는 습관을 들이는 것입니다.

아이에게 "기록도 공부의 일부야!"라고 말해주세요. "배운 것을 정리하거나 실수한 것을 적어보는 것, 궁금한 질문거리를 적는 것 모두 네가 열심히 공부하고 있다는 증거야."라고 알려주세요. 아이가 플래너를 학습 도구로 잘 활용하려는 모습을 보일 때, "와! 꼼꼼하게 배운 내용을 잘 정리했구나!", "너의 생각이 이 글에 잘 드러나서 엄마도 감동했어."처럼 적극적으로 기록 과정을 칭찬하고 격려해 주세요. 그 순간 플래너는 단순한 일정표가 아니라 아이가 스스로 학습을 돌아보고 성장할 수 있도록 이끌어주는 '생각하는 학습 도구'가 됩니다.

플래너는 계획표를 넘어 배운 것을 정리하고
생각을 연결하며 아이가 스스로 배우는 힘을 키워주는
강력한 학습 도구입니다.

우리 아이 플래너 학습 기록, 이렇게 도와주세요.
○ 처음엔 '오늘 배운 것'만 한두 문장 적게 도와주세요.
○ 틀린 문제는 포스트잇이나 메모란에 간단히 정리하게 하세요.
○ "왜 틀렸는지", "어떤 개념이 부족했는지"를 스스로 적어보게 유도해 주세요.
○ 배운 내용과 다른 과목, 자신의 경험과 연결하는 활동을 격려해 주세요.

04
플래너로 경제 교육 하는 법

플래너 활용으로 아이들의 생활 전반에 긍정적인 영향을 미칠 수 있다는 점에 동의하실 겁니다. 이번에는 플래너를 활용해 경제 관념을 심어주는 방법에 대해 말씀드리려고 합니다. 요즘 편의점이나 무인 가게가 많아지면서 아이들이 과자, 아이스크림, 문구류 같은 물건을 너무 쉽게 사는 경향이 있습니다. 이런 상황에서 매일 수입과 지출을 플래너에 기록하면, 아이들은 자신이 벌고 쓰는 돈을 눈으로 확인하며 경제적인 사고를 자연스럽게 익힐 수 있습니다.

여기서 말하는 수입은 용돈뿐만 아니라 학습이나 집안일을 통해 받는 작은 보상을 포함할 수 있습니다. 저는 플래너에 쓴 모든 투두 리스트를 개당 10원으로 책정했어요. 공부, 집안일 등을 모두 포함

합니다. 예를 들어, '오늘 수학 연산 1장 풀기'를 다 했다면 10원이 주어집니다. 만약 문제집 1권을 다 풀면 5천 원을 주고요. 이런 식으로 매일 한 일에 대한 수입을 기록하게 했습니다. 지출 항목에는 '아이스크림 600원'처럼 그날 쓴 소비 내역을 적게 합니다. 처음에는 아이가 "왜 이렇게 적어야 해요?"라고 귀찮아할 수도 있습니다. 그럴 때는 "네가 번 돈과 쓴 돈을 보면 얼마나 잘 관리했는지 알 수 있어."라고 말해주세요. 부담 없이 시작할 수 있도록 도와주는 것이 중요합니다.

어느 날 둘째가 충동을 이기지 못하고 무인 문구점에서 2만 5천 원짜리 로봇 변신 장난감을 사 왔습니다. 그 아이의 한 달 용돈은 1만 5천 원이고, 그마저도 5천 원은 기부, 5천 원은 저축이라 실제로 쓸 수 있는 돈은 단돈 5천 원이었습니다. 매일 공부나 집안일을 하며 받는 보상이 있긴 했지만, 결국 5개월 치의 용돈을 하루 만에 써버린 셈이었지요. 그것도 평소에 갖고 싶어 했던 것이 아니라, 단순히 유혹에 이끌려 구매했다고 고백하더군요. 그런데 플래너에 하루 수입과 지출을 쓰게 하자, 자신이 얼마나 큰 돈을 썼는지 실감하게 되었습니다. 그날 이후로는 충동구매를 한 적이 없습니다.

용돈이 없는 아이들은 "엄마, 이거 하나만 사도 돼요?"라며 부탁하게 됩니다. 이게 친구들 사이에서는 작은 지출처럼 보일지 몰라도, 쌓이고 나면 생각보다 큰 금액이 되곤 합니다. 아이들은 보통 그 순간의 만족만 생각하지 돈이 어디서 오고 어떻게 쌓이는지는 궁금해하지 않습니다. 하지만 플래너에 지출을 기록하게 하면 자신의 소비 패턴을 스스로 돌아볼 기회가 생깁니다. 예를 들어 일주일 동안 "월요일: 젤리 700원, 화요일: 아이스크림 600원, 수요일: 음료수 1,000원"이라고 적어보게 하면, 아이는 "내가 이렇게 많이 썼네?"라며 스스로 놀라게 됩니다. 그러면서 돈을 쓸 때 한 번 더 고민하게 되지요.

어느 날 아이스크림을 사러 가던 길에 저희 아이들이 이렇게 말했습니다. "엄마, 00 아이스크림은 식자재 마트보다 무인 아이스크림 가게가 더 싸요. 00 과자는 식자재 마트가 더 저렴하고요." 똑같은 물건이라도 더 저렴하게 살 수 있는 방법을 비교하고 판단하는 것이지요. 플래너에 수입과 지출을 기록하는 습관은 단순한 숫자 적기가 아니라, 자신의 소비 습관을 점검하고 필요와 욕구를 구분하는 경제 감각을 키워주는 경험이 됩니다.

경제 교육의 핵심은 돈이 쉽게 오는 것이 아니라는 사실을 알려주는 데 있습니다. 플래너에 수입을 기록할 때 단순히 부모님이 주는 용돈만 적는 게 아니라 학습이나 집안일을 통해 스스로 벌어보는 경험을 추가해 보세요. 예를 들어, '신발장 정리하면 100원', '설거지하면 200원'처럼 작은 목표와 보상을 연결하는 겁니다. 아이가 플래너에 "오늘 공부 완료, 700원"이라고 적으면, 돈이 노력의 결과라는 걸 자연스럽게 체득하게 됩니다. 이 보상 시스템은 노동과 수입의 관계를 가르치는 좋은 도구가 됩니다. "편의점에서 1,000원짜리 아이스크림을 사려면 이틀 동안 열심히 공부해야 하네." 혹은 "신발장 정리와 설거지, 빨래 개기를 해야 해!"라는 식의 계산이 아이 머릿속에서 자연스럽게 일어납니다. 이렇게 충동적인 소비를 줄이고, 돈의 가치를 고민하게 되는 것이지요. 정산할 때는 "오늘 번 돈으로 뭘 할 거야?"라고 물으며 대화를 시도해 보세요. 아이는 돈을 버는 기쁨과 쓰는 책임을 동시에 배우게 됩니다.

이처럼 플래너를 통해 수입과 지출을 기록하는 습관은 아이에게 경제 교육의 기초를 자연스럽게 심어줍니다. 처음에는 단순히 오늘 번 돈과 쓴 돈을 적는 수준이겠지만, 시간이 지나면서 "아이스크림 대신 저금을 해서 책을 사야겠다." 혹은 "곧 00이 생일인데 잘 모아서 선물을 사야겠다."처럼 계획적으로 돈을 사용하는 방향으로 발전합니다. 평소에는 무심코 쓰던 편의점 소비를 줄이고, 학습과 집안일을 통해 번 돈을 모으는 경험은 아이가 돈의 가치를 이해하고 미래를 준비하는 태도를 길러주는 데 큰 도움이 됩니다.

부모님께서도 이 과정을 함께해 주세요. 이번 주 혹은 이번 달에 얼마를 모았는지 아이와 함께 확인해 보며 관심을 보여주세요. 플래너에 적힌 작은 숫자들이 하나둘 쌓일 때마다 아이는 돈을 관리하는 자신감을 키우게 됩니다. 이렇게 공부뿐 아니라 경제 감각까지 키워주는 플래너의 힘을 경험해 보시길 바랍니다. 플래너 하나로 시작한 경제 교육이 아이의 소비 습관을 바꾸고, 책임감 있는 경제 주체로 성장하는 데 든든한 밑거름이 될 것입니다.

플래너에 수입과 지출을 기록하며 경제 개념을 익히면,
아이는 돈의 가치를 깨닫고 충동 소비를 줄이며
책임감 있는 경제 습관을 자연스럽게 익힐 수 있습니다.

실천 팁
○ 플래너에 수입과 지출을 함께 기록해 보세요.
○ 공부나 집안일을 통한 보상은 '노력=수입'이라는 개념을 심어줍니다.
○ 아이와 함께 주간·월간 소비를 돌아보며 칭찬하고, 계획적인 소비로 연결해 주세요.
○ 숫자가 쌓이는 과정을 눈으로 확인하게 합니다. 그 경험을 통해 아이의 자신감과 경제 감각이 함께 자랍니다.

이렇게 적용해요

플래너에 수입, 지출 기록하기

문제집 한 권을 다 풀어서 수입에 5천 원 성과금을 적고, 지출에는 빵 사 먹은 기록입니다.

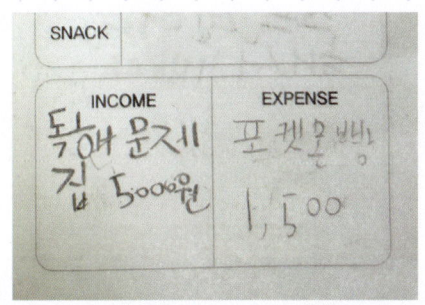

매달 마지막 말, 해당 달에 매일 공부해서 얻은 금액을 모두 합하여 적습니다. 새로운 달 1일에는 용돈 5천 원을 줍니다. 용돈은 총 1만 5천 원인데 이 중 5천 원은 은행에 자동으로 저축하고 나머지 5천 원은 구호단체에 기부하는 데 보탭니다. 남은 5천 원이 한 달 동안 자유롭게 쓸 수 있는 금액이 됩니다. 문제집이나 매일 공부를 통해 얻는 성과금이 있어서 부족하지 않아요. 용돈이나 기타 보상 금액은 아이 생활 패턴이나 가정 여건에 맞추어 정하면 됩니다.

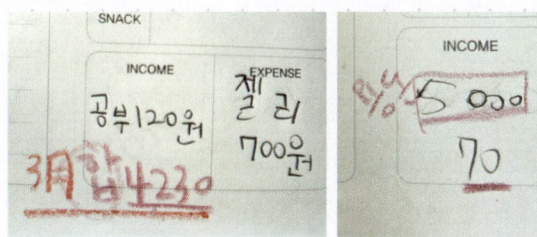

05
긍정 확언으로 하루 시작하기

플래너가 아이의 마음을 채우고 자존감을 높이는 데 기여할 수 있다는 점, 알고 계셨나요? 저는 플래너 제일 상단의 빈칸에 매일 긍정 확언을 적고 있고 아이들에게도 이렇게 해보라고 권하고 있습니다. 예를 들어 "나는 장점이 많다"거나 "나는 무엇이든 할 수 있다"와 같은 문장을 매일 쓰고 읽으며 하루를 시작하면 아이들은 자신을 긍정적으로 바라보는 힘을 키울 수 있습니다. 자존감이 높은 아이는 학습에 대한 자신감도 자연스럽게 따라오게 됩니다.

긍정 확언은 아이의 마음속에 자신감을 심어주는 강력한 도구입니다. 하지만 처음부터 "플래너에 긍정 확언을 써보자"라고 하면 아이들은 오히려 부담을 느끼거나 어색해할 수 있습니다. 플래너를 쓰는 것만으로도 피로감을 느낄 수 있기 때문이지요. 그래서 저는 아이가 자주 보는 식탁 옆 벽이나 방문 옆에 긍정 확언 프린트물을 붙여두고, 함께 읽는 것으로 시작했습니다. "나는 매일 성장하고 있다", "나는 노력하는 멋진 사람이다"처럼 간단한 문장 20개 정도를 정리해 나열하면 충분합니다. 디자인을 화려하게 꾸밀 필요 없이 단순한 글씨만으로도 효과적입니다.

처음에는 하루에 한 문장만 가족이 함께 큰 소리로 읽는 것으로 충분합니다. 예를 들어 아침 식사 시간에 "오늘은 '나는 존재만으로도 소중하다'를 읽어볼까?"라고 제안해 보세요. 아이가 쑥스러워할 수도 있지만, "큰소리로 읽으면 더 힘이 생긴단다"라는 말로 부드럽게 이끌어줍니다. 이렇게 한두 달 반복하면 아이는 긍정 확언이 주는 따뜻한 느낌에 익숙해지고 자연스럽게 마음에 새기게 됩니다.

긍정 확언 읽기에 익숙해지면, 다음 단계로는 플래너에 직접 긍정 확언을 쓰는 습관을 들이는 것입니다. 플래너 맨 위 빈칸에 "나는 무엇이든 할 수 있다"와 같이 짧은 문장 하나를 적게 합니다. 처음에는 벽에 붙인 문장들 중에서 골라 쓰게 해도 좋고, "오늘 기분에 맞는 문장을 하나 골라볼까?"처럼 스스로 선택하게 유도해 보세요. "나는 장점이 많다"거나 "나는 매일 조금씩 나아지고 있다"처럼 아이가 공감할 수 있는 문장을 고를 수 있도록 도와주면 됩니다.

이때 부모도 함께 하면 더 큰 효과를 볼 수 있습니다. "엄마는 오늘 '나는 최선을 다하는 사람이다'를 썼어. 너는 뭐 쓸 거야?"라고 대화를 이어가며 서로의 긍정 확언을 나누면 아이는 자신의 마음속에 자신을 응원하는 목소리를 들을 수 있게 됩니다. 그 작은 문장이 아이의 하루를 밝히는 원동력이 됩니다.

자존감은 아이가 세상과 마주하는 데 있어 가장 중요한 뿌리입니다. "나는 존재만으로도 소중하다"라는 문장을 매일 보고 쓰며 내면화한 아이는 자신을 가치 있는 사람으로 여기게 됩니다. 이런 마음가짐은 학습에서도 큰 차이를 만듭니다. 예를 들어 수학 문제를 풀다가 틀렸을 때 "나는 할 수 없다"는 생각보다는 "나는 노력하면 할 수 있다"라는 긍정 확언을 떠올리며 다시 도전할 수 있는 힘을 얻습니다.

자존감이 높은 아이는 실패를 두려워하지 않고, 학습에 대한 자신감도 유지할 수 있습니다. 예를 들어, 플래너에 "나는 매일 성장하고 있다"를 적은 날, 아이가 "오늘 영어 단어 5개를 외웠어요"라고 쓴다면, 그 작은 성취가 긍정 확언과 연결되어 더 큰 동기를 만들어냅니다. 부모님께서 "이렇게 노력하는 모습이 정말 멋지네"라고 격려해 주신다면, 자존감과 학습 자신감이 함께 자라나는 선순환이 시작됩니다.

긍정 확언을 플래너에 쓰는 건 작고 간단한 습관처럼 보일 수 있지만, 아이의 마음에는 큰 울림을 남깁니다. 처음엔 "나는 무엇이든 할 수 있다" 같은 문장을 쓰는 것이 어색할 수도 있습니다. 하지만 매일 반복하다 보면, '정말 내가 할 수 있을지도?'라는 믿음이 마음속에 자라나기 시작합니다. 예를 들어 "나는 장점이 많다"를 쓴 날, 친구가 그림 그리기 상을 받았다고 해볼게요. 자기 자신의 장점과 가치를 안다면, 다른 사람과 비교하지 않고 상을 받은 친구에게 축하의 말을 기쁘게 전할 수 있습니다.

부모님께서도 아이가 쓴 긍정 확언을 보며 "이렇게 좋은 말을 플래너에 쓰니까 엄마도 기분이 좋아진다!"라고 반응해 주세요. "너는 정말 소중한 사람이야"라는 말 한마디를 덧붙이면, 아이는 긍정 확언이 단지 글이 아니라 진심 어린 메시지라는 것을 느낄 수 있습니다. 플래너가 공부 계획을 넘어 자존감을 키우는 도구가 되는 순간, 아이는 하루를 더 자신감 있게 시작할 수 있습니다. 긍정 확언으로 시작하는 하루가 아이의 자존감과 학습을 더 빛나게 할 것입니다.

매일 아침 플래너에 긍정 확언을 쓰고 읽는 습관은 아이의 자존감과 학습 자신감을 키우는 가장 쉽고 효과적인 방법입니다.

실천 팁
○ 식탁 옆이나 벽에 긍정 확언 문장을 붙여두고 함께 읽어보세요.
○ 아이가 고른 문장을 플래너 상단에 한 줄씩 쓰도록 격려해 주세요.
○ 부모도 자신의 긍정 확언을 함께 써서 '나만 하는 게 아니라는' 동질감을 만들어주세요.
○ 아이가 쓴 문장을 보고 칭찬하며, 그날의 감정을 자연스럽게 대화로 이어가 보세요.

이렇게 적용해요

긍정 확언 기록

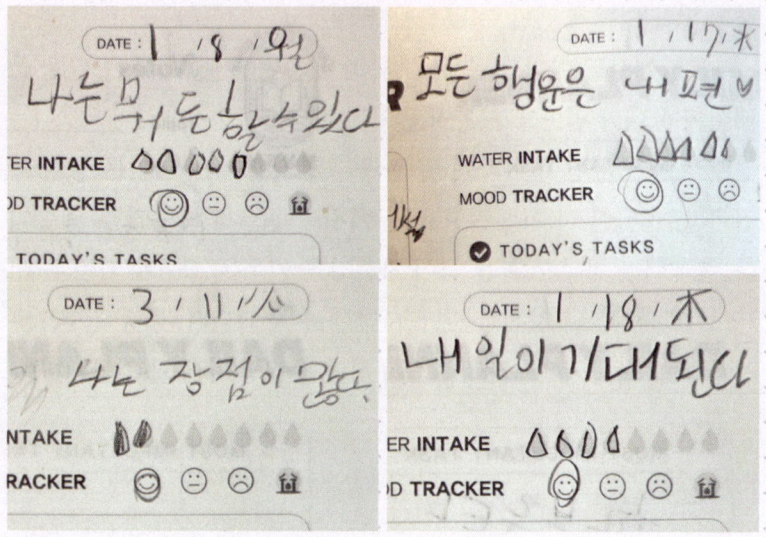

다양한 긍정 확언을 돌아가며 써도 좋고, 가장 좋아하는 것을 반복해서 써도 괜찮습니다. 중요한 건 매일 자신을 믿고 소중하게 여기는 시간을 짧게라도 가지는 것입니다. 제가 다니는 헬스장 트레이너 선생님들은 매일 아침 단톡방에서 "예슬아(본인 이름) 오늘도 웃자!"라는 글을 쓰고 하루를 시작한다고 해요. 저는 매일 아침 거울을 보며 오늘의 긍정 확언과 함께 미소로 하루를 시작하고 있어요. 사소해 보이는 글이나 행동이지만 하루를 기꺼운 마음으로 살아내는데 큰 도움이 된다고 생각합니다. 아이들도 어릴 때부터 이런 좋은 습관을 가질수 있다면 참 좋겠지요?

06
플래너를 감사 일기로 활용하기

　매일 있었던 일을 기록하는 습관이 익숙해지면 그 끝에 "감사합니다"라는 한마디를 추가해보는 것만으로도 플래너가 감사 일기로 변신할 수 있습니다. 예를 들어, "오늘 수학 문제집 1장을 풀었어요. 감사합니다"라거나 "친구와 놀이터에서 재미있게 놀아서 감사합니다"처럼 간단히 적는 겁니다. 처음에는 어색할 수 있지만 "감사하다고 쓰면 하루가 더 따뜻해져"라며 긍정적인 의미를 알려주시면 아이가 자연스럽게 받아들입니다. 이 간단한 한마디가 플래너를 감사 일기로 바꾸는 첫걸음이 됩니다. 감사의 힘은 아이의 마음을 긍정적으로 채우고 학습에도 큰 동기를 부여합니다.

감사는 아이의 마음을 긍정으로 채우는 놀라운 힘을 지니고 있습니다. "오늘 수학 10문제를 풀었어요. 감사합니다"라고 쓰는 것만으로도, 단순히 과제를 완료했다는 사실을 넘어 그 과정 자체에 대한 고마움을 떠올릴 수 있게 됩니다. 처음엔 "뭐가 감사하지?"라며 갸우뚱할 수 있지만, "어려운 문제를 풀 수 있어서 감사하다고 써볼까?"처럼 구체적으로 도와주면, "수학 10문제를 풀어서 감사합니다"가 "어려운 문제를 포기하지 않고 풀어서 감사합니다"로 발전하게 됩니다. 그 과정 속에서 아이는 자신의 노력을 더 깊이 돌아보게 되고, 그것이 곧 자기 효능감으로 연결됩니다.

　감사와 긍정은 서로 깊이 연결되어 있습니다. "친구와 놀이터에서 놀았어요, 감사합니다"라고 쓴다면 그날의 즐거운 기억이 더 또렷하게 남고, "친구가 있어서 감사하다"라는 마음이 생깁니다. 이럴 때 부모님께서 "오늘 감사한 일을 쓰니까 기분이 좋았겠네"라고 다정하게 반응해 주시면, 아이는 감사의 말이 주는 따뜻함을 더 깊이 느낄 수 있습니다. 플래너에 적힌 "감사합니다"라는 한 문장이 하루를 마무리하며 긍정적인 마음을 심어주는 작은 의식이 되는 셈이지요.

　이러한 감사의 태도는 학습 태도에도 큰 영향을 미칩니다. "오늘 새로운 공식을 배웠어요. 감사합니다"라고 쓰는 것만으로도 아이는 배움이 주는 기쁨을 느끼고, 공부에 대한 동기를 높일 수 있습니다. 예를 들어 영어 단어 외우기가 힘들었던 날, "5개를 외웠어요. 감사합니다"라고 적으면 '힘들지만 해냈다'는 성취감이 아이의 마음을 채워줍니다. 이런 긍정적인 태도는 학습을 부담이 아니라 기회로 받아들이게 합니다.

또한 감사는 실패나 실수에도 긍정적인 시각을 갖게 해줍니다. 예를 들어, "오늘 시험에서 실수했어요, 그래도 배울 수 있어서 감사합니다"라고 적는다면, 실망보다는 "다음엔 더 잘할 수 있어"라는 희망을 품을 수 있게 됩니다. 이럴 때 부모님께서 "실수했어도 감사한 마음을 썼네, 멋져!"라고 격려한다면 아이는 좌절보다 다시 도전하는 힘을 기르게 됩니다. 이렇게 플래너가 감사 일기로 활용되면 학습에 대한 자신감과 회복력도 함께 자라납니다.

감사 일기를 한 단계 더 확장해 보고 싶다면, "~을 새롭게 배워서 감사합니다"라는 형식으로 구체적인 문장을 덧붙여 보세요. 예를 들어 "오늘 열의 이동에 대해 알게 됐어요. 새롭게 배워서 감사합니다"라고 쓰면 아이는 배운 내용을 정리하면서 동시에 그 경험에 감사하게 됩니다. 이렇게 기록된 문장들은 플래너를 단순한 일기장이 아닌, 학습과 감정, 성장이 모두 담긴 의미 있는 공간으로 만들어줍니다.

이런 방식은 아이가 매일 성장하고 있다는 증거를 남기기도 합니다. "독서 시간에 용기의 의미를 알았어요. 새롭게 배워서 감사합니다"라고 적은 문장은 책을 읽고 느낀 감정과 깨달음을 그대로 담아내는 일종의 성찰 기록이기도 하지요. 부모님께서 "오늘 배운 걸 감사함으로 표현했구나."라고 칭찬하면 아이는 감사 일기를 쓰는 일에 더 큰 애정을 가지게 됩니다.

"오늘 가족과 밥을 먹었어요. 감사합니다"와 같은 문장을 매일 쌓아가다 보면, 아이는 일상 속에서 크고 작은 행복들을 스스로 발견하는 능력을 키우게 됩니다. "친구와 화해했어요. 감사합니다"라는 문장을 통해서는 관계의 소중함을 배울 수 있지요. 이렇게 감사하는 마음이 하루하루 플래너 속에 축적되면, 아이는 스스로를 돌아보고 주변을 따뜻하게 바라보는 시선을 갖게 됩니다.

플래너를 감사 일기로 활용하는 습관은 단지 감정 표현을 넘어서 아이의 내면을 긍정과 사랑으로 가득 채우는 일이 됩니다. 하루가 끝날 때 "감사합니다"라는 말을 쓰는 작은 행동 하나가 아이의 마음과 학습을 더 밝고 단단하게 성장시키는 씨앗이 되는 것이지요. 오늘부터 아이의 플래너 한 귀퉁이에 감사의 문장을 함께 채워보세요.

플래너에 매일 "감사합니다"를 적는 습관은 아이의 마음을
따뜻하게 채우고 학습과 삶에 긍정적인 태도를 심어주는 첫걸음입니다.

실천 팁
○ 아이와 함께 하루의 감사한 일을 짧게 나누며 플래너에 한 문장을 쓰게 도와주세요.
○ "오늘은 어떤 일이 고마웠어?"처럼 구체적인 질문으로 대화를 이끌어주세요.
○ 감사 문장을 쓴 아이에게 "정말 멋진 마음이네"라고 진심으로 칭찬해 주세요.
○ 아이가 감사 일기에 쓰는 내용을 보고 긍정적인 피드백을 꾸준히 건네주세요.

이렇게 적용해요

감사 일기

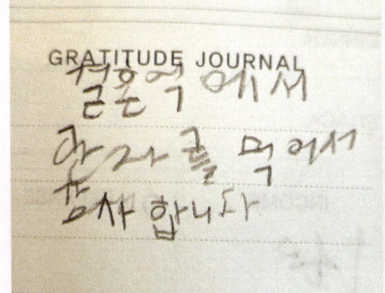 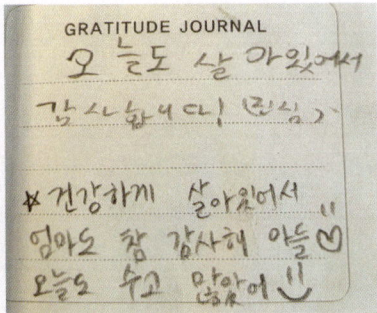

거창한 감사를 쓰지 않아도 됩니다. 살아 있음 그 자체, 학교를 오가는 평범한 일상에 대한 감사도 좋아요. 나, 가족, 친구, 선생님, 이웃 등 사람에 대한 감사도 좋고요. 날씨, 꽃 등 자연에 대한 감사나 물건, 행사, 지역 사회 등에 대한 감사도 좋습니다. 아이들에게 감사의 영역이 굉장히 넓음을 알려주세요. 또 아이들이 쓴 감사 일기 아래에 자주는 못하더라도 함께 감사 일기를 적어도 참 좋답니다.

✦ Part 5 ✦

플래너 쓰기
그 너머의 일

확장 단계

01
부모와 함께하는 '도전' 활동

 플래너 쓰기가 익숙해진 아이에게, 이제는 조금 더 확장된 활동을 통해 함께 성장해 보는 것은 어떨까요? 이번 장에서는 플래너를 매개로 부모와 아이가 함께 시도해 볼 수 있는 '도전' 활동을 소개해드리려 합니다. 학습을 넘어서 일상과 세상을 바라보는 눈을 키우고, 가족 간 소통을 넓히는 데도 큰 도움이 되는 활동들이지요.

 첫 번째는 블로그 기록입니다. 아이와 부모가 함께 블로그를 만들고 플래너에 남긴 독서 기록이나 공부 습관 등을 주제로 글을 써보는 거예요. 아이는 재미있었던 책의 한 장면을 묘사하고 부모는 그 책을 함께 읽고 남기는 코멘트로 소통을 이어갈 수 있습니다. 이런 글들이 모이면 우리 가족만의 성장 포트폴리오가 되기도 하고, 타자 연습과 글쓰기 실력도 자연스럽게 늘어납니다. 실제로 『그 집 아들 독서법』이라는 책도 엄마와 아이가 책을 읽고 팟캐스트로 대화를 나눈 기록을 바탕으로 만들어졌습니다. 블로그 기록은 가족 간 새로운 소통의 장을 열어주는 멋진 경험이 될 거예요.

두 번째는 '독서로'(https://read365.edunet.net) 사이트 활용하기입니다. '독서로'는 17개 시도교육청이 함께 운영하는 학교도서관 정보 관리 시스템이에요. 사이트에서는 도서관 자료를 검색하거나 독서 퀴즈를 풀어볼 수 있고, 다양한 독후활동도 가능합니다. 예를 들어 플래너에 '이번 주 도전 활동: 독서로에서 추천하는 도서 1권 대출해 읽기'라고 적고, 책을 읽은 뒤 독서로에 들어가 독후활동을 하는 것이지요. 입시를 앞둔 중고등학생 자녀가 있다면, 탐구보고서 형식으로 정리한 글이 생활기록부에 반영되는 효과도 기대할 수 있습니다.

세 번째는 어린이 신문 기자 활동에 도전해 보는 것입니다. '내 친구 서울' 같은 지역 기반 어린이 신문은 물론, '양천구 신문'처럼 구 단위의 어린이 기자단도 매년 선발하고 있어요. 이 외에도 소년 조선일보, 어린이 동아일보, 어린이 경제신문 생글생글 등 다양한 어린이 매체에서 기자단, 토론대회, 글쓰기 대회 등 여러 활동을 운영합니다. 이런 활동에 참여하면 관심 있는 주제를 더 깊이 있게 탐구하고, 직접 취재와 인터뷰를 해보는 소중한 경험을 쌓을 수 있습니다.

네 번째는 독서 앱 활용하기입니다. '북적북적', '북플립', '북모리'와 같은 독서 기록 앱이나 '밀리의 서재'처럼 전자책과 오디오북을 함께 제공하는 앱을 사용해 보세요. 앱마다 특징은 다르지만 대부분 독서 통계, 독서 달력, 장르별 독서량 등을 확인할 수 있어 아이가 읽은 책을 시각적으로 정리하고 성취감을 느끼기에 좋습니다. 이런 앱 활용은 단순한 독서를 넘어 자기 주도적인 독서 습관을 형성하는 데에도 큰 도움이 됩니다.

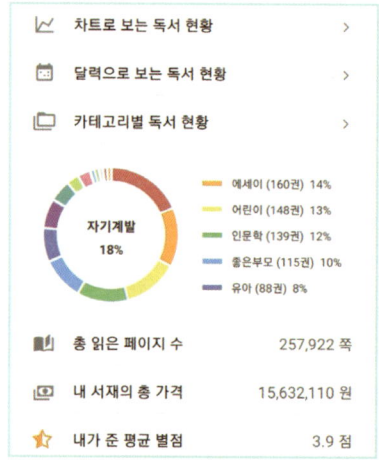

북플립 독서통계

북모리 독서달력

이처럼 플래너 쓰기는 단지 공부 계획과 습관을 위한 도구를 넘어서, 일상을 기록하고 나만의 생각을 세상과 연결하는 확장된 경험의 시작점이 될 수 있습니다. 아이가 성장하고 있다는 걸 눈으로 확인하고, 함께 기록하며 이야기 나누는 이 기회를 절대 놓치지 마세요. 가족이 함께 시도하는 작은 도전 하나가 아이의 자존감과 세상을 바라보는 시각을 키우는 큰 디딤돌이 될 수 있습니다.

이런 다양한 도전들이 단순한 활동 이상으로 부모와 아이가 함께 배우고 성장하는 시간을 만들어준다고 생각합니다. 가족과 추억을 쌓는 시간으로 활용하길 바랍니다.

플래너 쓰기를 통해 아이의 기록 습관을 확장하고
블로그, 독서로, 기자단, 독서 앱 등 다양한 도전 활동으로
가족과 함께 성장의 여정을 이어가 보세요.

실천 팁
○ 아이와 함께 하루의 감사한 일을 짧게 나누며 플래너에 한 문장을 쓰게 도와주세요.
○ "오늘은 어떤 일이 고마웠어?"처럼 구체적인 질문으로 대화를 이끌어주세요.
○ 감사 문장을 쓴 아이에게 "정말 멋진 마음이네"라고 진심으로 칭찬해 주세요.
○ 아이가 감사 일기에 쓰는 내용을 보고 긍정적인 피드백을 꾸준히 건네주세요.

이렇게 적용해요

독서 기록

대학교 입시에서 학교생활기록부가 매우 중요합니다. 2024 대입에서 자기소개서가 폐지됨에 따라 평가 자료로서 역할을 할 수 있는 것이 오로지 학교생활기록부로 한정되었기 때문입니다. 오죽하면 학교생활기록부를 '디자인한다'라는 말이 나오고 관련 컨설팅 비용도 어마어마합니다. 팀유니온의 『합격 생기부 절대 원칙 탐구력』 책에 따르면 '수업→호기심, 관심→독서 활용/주제 탐구⇨지식 확장'의 흐름의 생기부가 경쟁력이 있다고 합니다. 어릴 때부터 독서 기록을 차곡차곡 쌓아가야 가능한 일이겠지요? 플래너에 짧게라도 독서 기록을 적고 학년이 높아지면 아래 형식을 참고하여 적길 바랍니다.

책 제목		길모퉁이 행운 돼지		
지은이		김종렬 글, 김숙경 그림	출판사	다림
내용 정리	가장 인상적인 내용과 이유	공짜로 행운을 받은 사람들이 돼지로 변하는 모습이 인상적이었다. 공짜만 좋아하면 돼지가 될 것 같은 생각이 들어서 무섭고 소름이 돋아서 더 기억에 오래 남았다.		
	새롭게 알게 된 점	공짜가 항상 좋은 것만은 아니라는 점을 알게 되었다.		
	더 궁금한 점	'욕심이 화를 부른다'와 관련한 사자성어를 찾아봐야겠다.		
생각 정리	책과 관련한 경험이나 생각	이 책을 읽기 전에는 '로또'에 당첨되길 기도했는데 이제는 공짜로 무언가를 받는 게 좋지만은 않다는 생각을 하게 되었다.		
	책과 관련한 사회 문제와 나만의 해결방안	요즘 청소년 불법 도박이 큰 문제가 되고 있다고 선생님이 알려주셨다. 도박에 중독되면 병원에 입원해도 고치기 어렵다고 한다. 호기심이라도 절대 해서는 안되겠다!		

02 모범이 되는 부모의 학습 태도

부모가 아이에게 좋은 학습 모델이 되는 일은 단순히 플래너를 쓰자고 하거나 공부를 독촉하는 것보다 훨씬 더 깊은 영향을 미칩니다. 아이들은 부모의 말보다 행동을 통해 배웁니다. 눈으로 보고 몸으로 느끼며 부모의 학습 태도, 삶의 자세, 하루의 루틴 속에서 자연스럽게 그 가치를 체득하지요.

아이에게 공부하라고 말하기 전에 부모가 스스로 학습하는 모습을 보여주는 것이 가장 강력한 모델링입니다. 부모가 책을 읽거나 새로운 것을 배우는 모습을 아이가 볼 수 있게 하세요. 저녁 시간에 거실에서 책을 읽으며 "이 책에서 흥미로운 사실을 발견했어. 너도 이런 주제 좋아할지도?"라고 자연스럽게 대화를 시작할 수 있습니다. 또는 부모가 온라인 강의를 듣거나 취미로 외국어를 공부하며 노트에 정리하는 모습을 보여주면 아이는 학습이 일상 속 자연스러운 활동임을 느낍니다. 중요한 건 완벽함을 강요하지 않고, "나도 어려운 부분이 있지만 조금씩 해보고 있어"라며 노력하는 과정을 공유하는 겁니다. 아이는 부모의 도전과 꾸준함에서 영감을 받을 가능성이 큽니다.

부모와 아이가 함께 새로운 것을 배우는 경험 또한 학습에 대한 긍정적인 태도를 심어줍니다. 주말에 가족이 함께 레시피를 찾아보고 요리해 보거나, 과학 키트를 활용해 간단한 실험을 할 수 있습니다. 이 과정에서 부모가 "이건 나도 처음 하는데, 같이 찾아볼까?"라며 호기심을 드러내면 아이는 즐거움임과 함께 책임감도 느끼게 됩니다.

또 다른 방법은 독서 모임을 가족 단위로 만들어보는 것입니다. 한 달에 한 권씩 책을 정해 부모와 아이가 함께 읽고, 느낀 점을 나눠보세요. 아이가 어린이라면 동화책을, 중고등학생이라면 흥미로운 소설이나 인문 도서 혹은 자기계발서 등을 고를 수 있습니다. 부모가 먼저 책 속 문장을 인용하며 "이 구절이 나에게 큰 깨달음을 줬어"라고 말하면, 아이도 자신의 생각을 표현하는 법을 배웁니다. 찬반 토론이 가능한 주제에 대해서는 서로의 생각을 근거를 들어 말하는 연습을 할 수도 있습니다.

아이의 학습 동기를 키우려면 부모가 좋은 질문을 던지는 모델이 되어야 합니다. 예를 들어, 아이가 학교에서 배운 내용을 이야기할 때 "그건 어떻게 작동하는 걸까?" 또는 "너라면 그 문제를 어떻게 풀어볼래?"처럼 깊이 생각하게 하는 질문을 해보세요. 부모가 먼저 "나도 궁금해서 찾아봤는데, 이런 답이 있더라"라며 호기심을 보여주면 아이는 자연스럽게 탐구하는 태도를 흡수합니다. 이때 중요한 건 정답을 강요하지 않는 겁니다. 부모가 "모르는 건 같이 찾아보자"며 검색하거나 책을 뒤적이는 모습을 보여주면, 아이는 모르는 걸 부끄러워하지 않고 배우려는 태도를 기를 수 있습니다.

학습 과정에서 실수는 피할 수 없습니다. 부모가 실수를 두려워하지 않고 긍정적으로 다루는 모습을 보여주면, 아이도 실패를 성장의 일부로 받아들입니다. 부모가 새로운 취미를 시도하다 실패했을 때 "음, 이번엔 잘 안 됐네. 다음엔 이렇게 해봐야겠어"라며 웃으며 넘기는 모습을 보여주세요. 혹시 아이가 숙제를 하다 틀렸을 때 "나도 옛날에 이런 문제 자주 틀렸었는데, 다시 해보니까 이해가 됐어"라며 공감과 격려를 건네는 것도 좋습니다. 부모가 학습에서의 좌절을 극복하는 과정을 보여주면 아이는 인내심과 회복력을 배웁니다.

학습이 책상에 앉아서만 이뤄지는 게 아님을 보여주는 것도 중요합니다. 가족여행을 계획하며 지도를 읽고 경로를 짜는 과정을 아이와 공유하거나, 집안 예산을 정리하며 간단한 계산을 함께 해보세요. "이런 계산을 잘하면 나중에 여행 갈 때 돈을 더 잘 아낄 수 있어"

처럼 실생활에서의 유용함을 강조하면 아이는 학습의 의미를 깊이 느낍니다. 또한, 부모가 직업이나 취미에서 배운 지식을 활용하는 모습을 보여줄 수도 있습니다. "회사에서 이런 자료를 정리하려면 엑셀을 알아야 해서 배웠어"라며 실질적인 사례를 들어보세요. 아이는 공부가 미래에 도움이 된다는 구체적인 이미지를 갖게 됩니다.

아이에게 규칙적인 공부 습관을 요구하기보다 부모가 먼저 일정한 루틴을 실천하는 모습을 보여주는 것도 좋은 모델링 방법입니다. 매일 아침 30분 책을 읽거나, 저녁에 하루를 정리하는 시간을 갖는 모습을 보여주면 아이는 자연스럽게 따라 하려 합니다. 이때 "엄마/아빠는 이렇게 하면 하루가 더 정리돼서 좋아"라며 긍정적인 이유를 덧붙이면 더 효과적입니다. 부모의 루틴에 아이를 억지로 끼워 넣기보다는, "너도 같이 해볼래?"라며 선택권을 주는 것도 좋습니다. 아이가 스스로 참여할 때 더 큰 동기가 생기니까요.

공부만 강요하는 것이 아니라 휴식과 균형을 아는 모습도 중요합니다. "오늘은 쉬면서 영화 한 편 볼까?"라며 적절히 쉼을 선택하는 모습을 보여주세요. 그러면서도 "내일은 다시 힘내서 해보자!"라며 균형을 맞추는 태도를 보이면, 아이는 과도한 부담 없이 학습을 지속할 수 있는 법을 배웁니다.

부모가 좋은 학습 모델이 된다는 건, 아이에게 "공부 좀 해!"라고 말하는 대신 함께 배우고 성장하는 모습을 몸소 보여주는 겁니다.

위 방법들은 단순히 지식을 전달하는 데 그치지 않고 호기심, 인내, 균형감 같은 삶의 태도를 심어줍니다. 아이는 부모의 행동을 통해 학습이 즐겁고 가치 있는 여정임을 느끼며, 스스로 동기를 찾아갈 거예요. 이런 모습이야말로 플래너를 넘어서는 진정한 교육의 힘이 될 겁니다.

부모가 먼저 배우고 실천하는 모습은 아이에게 학습 동기와 삶의 태도를 가르치는 최고의 교육입니다.

실천 팁
- 아이 앞에서 책을 읽고 배운 내용을 자연스럽게 이야기해 보세요.
- 가족 독서 모임을 만들어 매달 한 권씩 책을 함께 읽고 이야기 나눠보세요.
- 실수했을 때 긍정적으로 받아들이는 모습을 보여주세요.
- "너라면 어떻게 해볼래?"와 같은 질문으로 사고를 유도해 보세요.
- 가족 활동 속에서 학습의 기회를 만들어보세요. (요리, 여행 계획, 실험 등)
- 학습과 휴식의 균형을 함께 실천하고 보여주세요.

이렇게 적용해요

함께하기

평일 저녁, 주말 등 일정이 없는 날에는 모두 거실 책상에 모여 함께 책을 읽거나 공부를 합니다. 저와 남편은 아침형 인간이라 평일에 일찍 일어나요. 거실 자기 자리에 앉아 책을 읽거나 일을 합니다. 불이 켜져 있어서 아이들도 일어나면 거실 책상으로 합류하는 경우도 있어요. 대부분은 제 무릎 위에 그대로 다시 눕지만요.

03
아이의 마음을 여는 부모의 말투

사춘기 아이들은 감정의 기복이 크고 부모와의 대화에 쉽게 벽을 세우기 마련입니다. 이럴 때일수록 부모는 아이와 하루 10분이라도 진심 어린 대화를 나누는 시간을 가져야 합니다. 중요한 건 어떤 말을 하느냐보다 어떻게 말하느냐입니다. 같은 말도 말투에 따라 아이가 받아들이는 감정은 전혀 달라질 수 있기 때문이지요.

"야, 방 치워!" 같은 명령조는 아이를 즉각 방어적으로 만들고, "오늘 좀 피곤해 보이는데, 괜찮아?"처럼 부드러운 말투는 마음을 열게 합니다. 사춘기 아이들은 부모의 말투에서 감정을 예민하게 읽어냅니다. 날카롭거나 비판적인 말투는 그 자체로 대화를 거부하게 만드는 원인이 됩니다. 10분 소통의 첫걸음은 아이가 "들어도 괜찮겠다"

는 느낌을 갖게 하는 겁니다.

비난 대신 관찰과 질문을 활용해 보세요. "너 또 공부 안 했지?" 대신 "오늘 공부할 시간이 좀 부족했나 보구나, 어땠어?"처럼 관찰한 사실을 바탕으로 질문을 던져보세요. 비난은 아이를 위축시키지만, 질문은 생각을 열어줍니다. 예를 들어, "최근에 어떤 책이 재미있었어?"라며 관심사를 묻는 말투는 아이가 자연스럽게 이야기를 꺼내게 합니다. 이때 "자세히 말해줘서 고마워, 엄마도 그 책 읽어봐야겠다" 같은 반응은 아이에게 대화를 나누는 즐거움을 알려줍니다.

10분 소통에서 말투만큼 중요한 건 듣는 자세입니다. 아이가 "학교에서 짜증나는 일이 있었어"라고 말하면, "그랬구나, 어떤 일이었어?"라며 억양을 살짝 올려 관심을 표현하세요. "그냥 참아" 같은 단순한 조언보다는 들을 준비가 되어 있다는 눈빛과 공감하는 톤으로 반응하면 아이는 부모가 자신을 이해하려 한다는 느낌을 받습니다. 진심이 담길수록 짧은 10분도 깊은 유대감을 쌓는 시간이 됩니다.

매일 저녁 식사 후나 잠들기 전 10분을 '우리만의 시간'으로 정해보는 것도 좋습니다. "오늘 하루 어땠어?"라며 가볍게 시작하는 말투가 습관이 되면, 아이도 그 시간을 기대하게 됩니다. 이때 "빨리 말해"처럼 조급한 톤은 피하고, "천천히 얘기해도 돼"처럼 여유로운 태도를 보여주세요. 꾸준함이 말투에 묻어나면 아이는 부모를 신뢰할 수 있는 대화 상대로 인식합니다.

사춘기 아이에게 할 일을 전달할 때는 감정을 섞지 않고, 중립적이고 명확한 말투를 사용하는 것이 좋습니다. "너 때문에 내가 얼마나 힘든지 알아?"처럼 감정을 섞으면 아이는 죄책감이나 반항심을 느낍니다. 대신 "숙제는 8시까지 끝내면 좋을 것 같아"처럼 간결하고 객관적으로 말해보세요. 감정 소비가 줄어들고 아이도 지시가 아닌 제안으로 받아들이기 쉽습니다. 말투에서 "해야 해" 대신 "하면 좋을 것 같아" 같은 선택의 여지를 주는 뉘앙스가 효과적입니다.

"또 방 안 치웠어? 언제 정신 차릴 거야!"처럼 좌절감이 담긴 말투는 갈등만 키웁니다. 차라리 "방 정리할 시간이 필요할 것 같네, 언제 할 수 있어?"처럼 감정을 배제한 실용적인 말투가 갈등을 줄입니다. 말의 속도를 천천히 하고 톤을 낮추면 말투가 훨씬 부드럽고 차분하게 들립니다.

할 일을 알려줄 때 부정적인 결과를 경고하기보다 긍정적인 면을 살짝 언급해 보세요. "빨리 안 하면 학원 늦어!" 대신 "학원 가기 전에 숙제 끝내면 마음이 편할 거야"처럼요. 말투에 긍정적인 이미지를 담으면 아이는 해야 할 이유를 스스로 납득하기 쉬워집니다. 밝고 자연스러운 억양은 아이의 저항을 줄이고 납득을 도와줍니다.

"지금 공부 시작해" 대신 "공부는 지금 할 거야, 아니면 저녁 먹고 할 거야?"처럼 선택지를 주는 말투를 쓰는 것도 좋습니다. 아이가 스스로 결정하게 하면 반발이 줄고 책임감도 생깁니다. 이때 "너 알아서 해"처럼 방임적인 톤이 아니라 "어떤 게 너한테 맞을지 궁금하네"처럼 관심이 담긴 뉘앙스를 유지하세요. 부모의 감정 소모 없이도 아이가 움직이게 됩니다.

사춘기 아이는 부모의 말투 변화를 예민하게 느낍니다. 하루는 부드럽다가 다음 날은 짜증 섞인 톤이면 혼란스러워합니다. "쓰레기 버려줄 수 있어?" 같은 요청을 매번 비슷한 톤으로 일관되게 말하면, 아이는 그 말투가 자연스러운 신호로 자리잡습니다. 감정 기복 없이 일정한 톤을 유지하는 연습이 부모의 에너지를 아끼는 데도 도움이 됩니다.

사춘기와 같은 예민한 시기에는 말투 하나가 갈등의 원인이 될 수도, 마음을 여는 열쇠가 될 수도 있습니다. 매일 10분의 소통은 부드럽고 공감적인 톤으로 신뢰를 쌓고 지시보다는 제안하는 말투로 아이의 자율성을 존중해 주세요. 이 두 가지는 결국 부모가 아이에게 "널 이해하려 노력하고 있어"라는 메시지를 전하는 과정입니다. 말투 하나로 사춘기의 거친 파도를 넘을 수 있는 힘이 생긴다고 믿고, 작은 실천부터 시작해 보세요.

사춘기 아이와의 10분 대화는
말투 속 공감과 존중에서 시작됩니다.

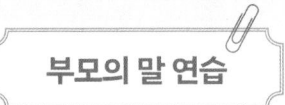

부모의 말 연습

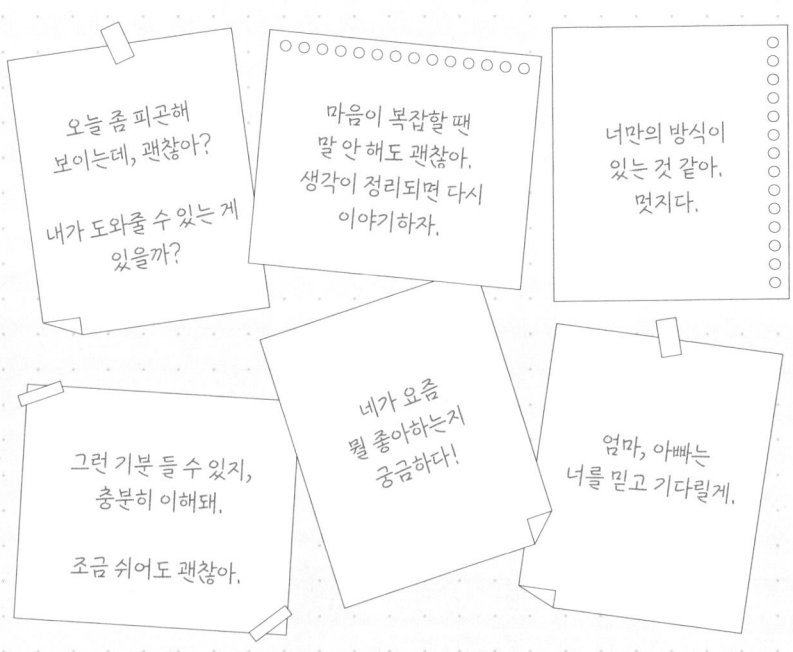

외국어를 잘하기 위해 어휘나 문장을 반복해서 연습합니다. 자녀와 소통도 마찬가지입니다. 원활한 대화를 위해 위와 같은 표현들을 벽에 붙여두거나 핸드폰에 저장해서 자주 연습해 보세요. 사춘기에 접어선 자녀와 대화할 때는 특히나 말투에 공을 들여야 해요. 그렇게 해도 문 닫고 들어가기 일쑤니까요. 지나가는 바람이 제법 쌀쌀할 테지만 어쨌거나 지나갑니다. 다만 서로에게 조금이라도 상처가 덜할 수 있게 부모인 우리가 이해하고 노력해 보면 어떨까요?

04
시간 도둑 잡기

 아이들이 집중력을 뺏어가는 '시간 도둑'은 방해 요소나 환경, 그리고 습관에서 비롯되는 경우가 많습니다. 집중력은 아이가 학습과 일상에서 효율적으로 시간을 활용하는 데 핵심입니다. 집중력은 환경에 크게 영향을 받습니다. 그러므로 아이가 몰입할 수 있는 공간과 조건을 만드는 것이 필요합니다.

 우선 첫걸음은 책상 정리입니다. 아이가 집중력을 유지하려면 눈에 보이는 공간이 먼저 정돈되어야 합니다. 책상 위에 스마트폰이나 장난감, 각종 잡동사니가 널려 있다면 자연스럽게 시선과 생각이 분산되기 마련이지요. 공부를 시작하기 전에는 "필요한 것만 올려놓자"라고 말하며 연필, 노트, 물컵 등 꼭 필요한 것만 남기고 나머지는 정리해 보세요. 깔끔한 공간은 아이에게 지금은 '집중의 시간'이라는 무언의 신호를 보내주는 역할을 합니다.

두 번째로는 소음 관리입니다. TV 소리나 문 여닫는 소리, 형제자매의 떠드는 소리 같은 생활 소음은 아이의 집중을 흐트러뜨릴 수 있습니다. 조용한 환경을 만들어주는 것만으로도 아이의 몰입도는 훨씬 높아집니다. "여기가 너무 시끄러우면 문 닫고 조용한 데서 해 볼까?"처럼 제안하고 백색소음이나 잔잔한 클래식 음악을 틀어주는 것도 도움이 됩니다. 단, 아이가 음악에 민감한 성향이라면 가사 없는 배경음악 정도로 제한하는 것이 좋습니다.

세 번째는 조명과 자세입니다. 어두운 조명은 졸음을 유발하고 너무 밝은 조명은 눈의 피로를 유발합니다. 자연광에 가까운 따뜻한 조명을 사용해 "눈이 편해야 집중도 잘 되지"라고 알려주세요. 책상의 조명을 아이 키에 맞춰 조절하고, 의자는 발이 바닥에 닿고 허리가 편안하게 펴질 수 있도록 세팅해 주세요. 올바른 자세는 집중 지속 시간을 늘려주는 중요한 요소입니다.

네 번째는 요즘 아이들에게 특히 중요한 '디지털 디톡스'입니다. 스마트폰, 태블릿, 스마트워치 등은 아이의 집중력을 단숨에 무너뜨리는 대표적인 시간 도둑입니다. 공부할 때는 "스마트폰은 잠깐 이 바구니에 두자"라며 아이와 함께 규칙을 만들어보세요. 필요하다면 앱 차단 기능이나 타이머 기능을 활용해 디지털 유혹에서 벗어날 수 있도록 도와주는 것도 좋습니다. 중요한 건 부모도 함께 실천하는 모습입니다.

다섯 번째는 '집중 존' 만들기입니다. 공간이 주는 힘은 생각보다 큽니다. 집 안에서 "여기 앉으면 집중 시작!"이라는 인식이 드는 자리를 정해보세요. 예를 들어, 거실 구석에 있는 작은 책상을 아이만의 집중 공간으로 정하고, 특정 시간에 그 자리에 앉으면 자동으로 공부 모드로 전환되도록 습관화하는 거죠. 이런 심리적 조건 설정은 집중력을 자연스럽게 끌어올려 줍니다.

여섯째, 특정 시간대를 활용합니다. 아이마다 집중력이 가장 높은 시간대가 다릅니다. 어떤 아이는 아침에 더 집중이 잘 되고, 어떤 아이는 해가 진 저녁 시간에 더 몰입할 수 있습니다. "너는 언제 가장 집중이 잘 되는 것 같아?"처럼 아이와 대화를 나누며 관찰해 보세요. 집중이 잘 되는 시간대를 학습의 골든 타임으로 삼아 계획을 세우면, 같은 시간 안에 더 큰 효과를 낼 수 있습니다.

'시간 도둑'을 잡는 일은 단순히 공부 환경을 정리하는 데 그치지 않습니다. 아이에게 집중력을 키워주고, 자신이 시간을 어떻게 쓰고 있는지를 점검하게 하는 중요한 교육입니다. 이 과정에서 부모가 함께 실천하며 "집중하는 게 이렇게 즐거울 수도 있구나!"라는 경험을 만들어준다면, 아이는 점차 스스로 시간의 소중함을 느끼고 더 나은 습관을 만들 수 있습니다.

작은 실천부터 시작해 보세요. 공부 전 책상을 정리하고 소음을 줄이고 스마트폰을 잠시 내려놓는 것만으로도 아이의 집중력이 한층 더 높아질 수 있습니다. 시간을 뺏기는 대신, 시간을 주도적으로 사용하는 아이로 성장할 수 있도록 부모가 함께 그 길을 열어주세요.

시간 도둑을 없애는 작은 습관이
아이의 집중력과 시간 활용 능력을 키우는 시작입니다.

05 지속적인 학습 습관 형성하기

 꾸준함은 학습 습관의 핵심입니다. 플래너를 작성하는 주된 목적 역시 학습을 지속하게 돕기 위해서입니다. 그렇다면 어떻게 해야 아이가 꾸준히 학습을 이어갈 수 있을까요?

 첫 번째는 작은 습관부터 시작하는 것입니다. 한 번에 큰 목표를 세우면 오히려 쉽게 지치고 포기하게 됩니다. 예를 들어, '하루 10분 책 읽기'처럼 작고 구체적인 목표부터 시작해 보세요. 저녁 식사 후 책상에서 10분간 읽는 시간을 정하고, "이건 할 수 있어"라는 자신감을 심어주는 것이 중요합니다. 작은 성공 경험이 쌓이면 점차 더 큰 목표로 나아갈 수 있는 동력이 생깁니다.

 두 번째는 학습을 루틴으로 만드는 일입니다. 특정 시간대와 연결하면 학습이 자연스럽게 생활 속에 녹아들게 됩니다. '아침에 일어나면 단어 5개 외우기', '잠들기 전 노트 정리하기'처럼 정해진 시간에 반복되는 활동은 아이에게 일종의 학습 신호로 작용하고 거부감 없이 받아들이는 데 도움이 됩니다.

　세 번째는 보상과 피드백을 통해 동기를 부여하는 것입니다. 꾸준함을 유지하려면 긍정적인 자극이 필요하지요. "일주일 동안 꾸준히 했으니까 이번 주말에 영화 보자"처럼 소소한 보상을 설정하거나, "오늘 1시간 동안 정말 집중해서 할 일을 마쳤구나!"처럼 구체적인 칭찬을 건네는 것도 좋습니다. 부모가 아이의 노력을 알아봐 줄 때, 아이는 더 큰 동기를 갖고 계속하려는 의지를 키워갑니다.

　네 번째는 실패하더라도 다시 시작할 수 있다는 태도를 길러주는 것입니다. 습관이 한 번 깨졌다고 해서 실망하거나 포기하지 않도록, "괜찮아, 내일 다시 해보자"라고 유연하게 받아들이는 분위기를 만들어주세요. 부모가 "나도 어제는 못했지만 오늘 다시 시작했어"라고 솔직하게 나누면, 아이는 완벽하지 않아도 괜찮다는 마음으로 다시 시도할 수 있는 용기를 얻게 됩니다.

　플래너는 이런 습관 형성에 강력한 도구가 되어줍니다. 아이가 플래너를 꾸준히 사용하도록 하기 위해선 몇 가지 방법을 함께 실천해볼 수 있습니다. 먼저, 단순하고 재미있게 시작하세요. 복잡한 양식의 플래너는 오히려 부담이 될 수 있습니다. 처음에는 '할 일 3개 적기'처럼 단순하게 구성하고, 체크 표시나 스티커로 완료했음을 표시해주는 식으로 즐거움을 더하세요. "이걸 다 채우면 뿌듯할 거야!" 같은 격려도 도움이 됩니다.

다음은 매일 기록하는 습관을 들이는 것입니다. 매일 저녁 8시쯤 "오늘 한 일 적어볼까?"라고 말하며 5분간 플래너를 작성하는 시간을 정해보세요. "어제보다 오늘 더 잘했네"처럼 작은 변화도 알아차리고 피드백하면 아이는 기록하는 습관에 애정을 갖게 됩니다.

그다음으로는 목표와 성취를 시각화하는 방법입니다. 플래너에 '이번 주 목표: 책 50쪽 읽기'라고 적고, 색칠하거나 그래프로 표현해보세요. 시각적인 피드백은 "내가 이렇게 해냈구나"라는 성취감을 자극하고, 다음 계획을 세울 때 큰 동기 부여가 됩니다.

또한 모든 칸을 채우지 못했을 때 부담을 느끼지 않도록 유연한 자세도 필요합니다. "이번 주는 가족 행사가 많았으니까 괜찮아~"라며 아이의 생활 전체를 고려한 따뜻한 반응을 보여주세요. "꼭 다 채우지 않아도 돼, 네가 하고 싶은 대로 써보는 거야"라고 자유롭게 표현할 수 있도록 도와주는 것도 중요합니다.

플래너 쓰기의 지속성을 높이는 또 다른 방법은 '함께 쓰기'입니다. 부모와 아이가 각자의 플래너를 쓰는 것도 좋지만, 똑같은 플래너를 쓰는 사람들끼리 모여 '챌린지'를 진행해보는 것도 추천합니다. 예를 들어, 동네 친구나 가족, 혹은 같은 플래너를 구매한 사용자들끼리 온라인 커뮤니티에서 '30일 학습 습관 챌린지'를 여는 것이지요. 하루 한 가지 학습 목표를 적고, 완료한 플래너 사진을 SNS나 단체 채팅방에 인증하는 방식으로 간단하게 운영할 수 있습니다.

챌린지는 단계별로 구성하면 좋습니다. "1주 차: 습관 시작, 2주 차: 꾸준함 도전"처럼 주제별로 구간을 설정하고, 매주 피드백 메시지를 공유하면 참여자들의 동기 부여에 도움이 됩니다. "지난주보다 이번 주 더 잘했어요!"처럼 서로 격려하는 말 한마디도 챌린지의 힘을 키워줍니다. 오프라인 워크숍이나 줌 미팅으로 "플래너 잘 쓰는 법"을 공유하면 플래너 쓰기 활동이 더 단단해집니다.

꾸준한 학습 습관은 작은 시작, 일관된 루틴, 그리고 플래너라는 도구를 통해 형성됩니다. 여기에 가족이나 구매자 커뮤니티와 함께하는 챌린지가 더해지면, 혼자서는 어려운 지속성을 외부 동기와 연결감으로 극복할 수 있어요. "하루 10분이라도 해보자!"는 마음으로 시작해, 아이와 부모 모두 학습의 즐거움을 느끼며 성장하는 여정을 만들어보세요.

작은 습관부터 시작해
루틴, 피드백, 함께하는 챌린지로 이어갈 때,
학습은 꾸준함이라는 강한 근육을 갖게 됩니다.

이렇게 적용해요

엄마의 플래너

왼편에 들고 있는 플래너는 지금 사용 중인 플래너예요. 오른쪽은 남편이 회사에서 갖다준 다이어리들인데 처음으로 다 써 본 다이어리들이에요. 그걸 시작으로 지금은 직접 제작한 플래너를 쓰고 있답니다. 딱 한 달치만 쓸 수 있는 플래너라 작고 가벼워서 어디든 챙겨 다닐 수 있어요. 그래서 하루 이틀 빠질 수는 있겠으나 지금까지 거의 2년 가까이 저와 함께하고 있답니다. 2024년도 1월에 완판 후 제가 쓸 2년 치를 제외하고 또 다 소진이 되었어요.

그러던 2024년 하반기! 아이들이 제 플래너를 탐내기 시작했습니다. 그동안 체크리스트 판에 도장을 찍고 있었는데, 드디어 다음 단계로 넘어갈 수 있겠다는 생각에 냉큼 쥐어주며 같이 쓰자고 했어요. 쓰다 말다를 반복하다가 2025년 1월 본격적인 겨울방학부터 지금까지 저와 같은 플래너를 계속해서 작성하고 있습니다. 똑같은 것을 쓰다 보니 제가 꽉꽉 채워서 쓰는 걸 신기해하더라고요. 아이는 대체로 긍정 확언과 체크리스트, 용돈 기록장만 매일 쓰고 나머지는 쓰고 싶은 날만 작성하도록 허용하고 있거든요. 저에게 맞춘 플래너라 아이들이 쓰기에는 칸도 좁고 쓸 양도 많아서 저도 크게 강요하지 않는 편입니다.

대신 제가 쓴 플래너를 자주 보여줘요. 아이들이 제가 쓴 독서 기록이나 감사 일기를 보고 생각하는 점을 말하기도 하고 궁금한 점을 묻기도 합니다. 이렇게 플래너가 가족 간의 또 다른 소통 창구 역할을 할 수 있더라고요. 바쁘시더라도! 모든 칸을 다 채우지 못하더라도! 이번 기회에 플래너 쓰기를 함께하면 어떨까요?

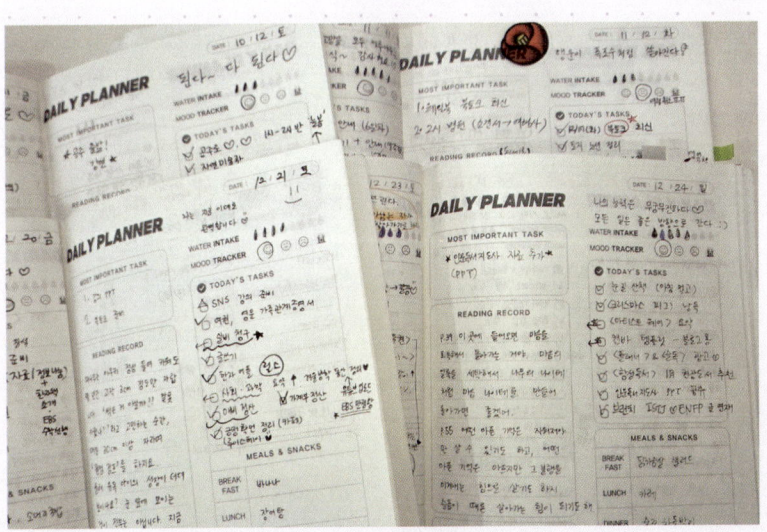

epilogue

" 기록, 사랑을 남기는 일 "

누군가에게는 하루의 계획을 반복해서 쓰는 일이 소모적이고 귀찮게 여겨질지 모르겠습니다. 종이에 적고 지우고 다시 쓰는 일이 번거롭게 느껴질 수도 있겠지요. 오늘도 어제처럼 살아가는데 굳이 계획을 세울 필요가 있냐고 묻는 분들도 계실 거예요. 하지만 저는 기록이야말로 나 자신을 위한 가장 확실한 응원이라고 믿습니다.

이 책을 통해 플래너 쓰는 방법과 그로 인한 변화들을 나누었습니다. 초등학교 3학년, 5학년이 된 저희 아이들이 플래너를 통해 스스로 하루를 계획하고 마무리하며 성취감을 쌓아가는 모습을 지켜보며, 기록이 삶의 중심을 다잡아주는 도구가 될 수 있음을 매일 거듭 확인하고 확신합니다.

반드시 플래너만이 정답은 아닙니다. 일기장이 될 수도 있고, 자기 전 조용히 써 내려간 한 줄 메모일 수도 있으며, 작은 포스트잇 쪽지일 수도 있습니다. 중요한 건 형태가 아니라 마음을 담는 기록 그 자체입니다.

제가 플래너 쓰기를 추천하는 이유는 단순히 시간 관리나 자기 주도 학습 때문만은 아닙니다. 그 안에 담기는 우리 삶의 흔적, 작은 감정들, 아이의 시선, 부모의 격려가 모여 하나의 이야기로 이어지기 때문입니다. '기록'은 결국 '기억'을 선물하고, 그 기억은 어느 순간 예기치 못한 위로가 되기도 합니다.

저와 아이들이 해왔던 기록을 정리하며 스무 살에 아버지로부터 받은 편지를 발견했습니다. 돌아가신 아버지가 써 주신 유일한 편지이기도 합니다. 어려운 가정형편으로 중학교 졸업 후 검정고시를 패스하고 본인의 힘으로 대학을 다니셨던 아버지는 대학원까지 마치셨지만, 맞춤법을 종종 틀리셨어요. 아버지의 손편지에 어김없이 등장하는 틀린 표현이 늘 부끄러웠는데, 유일하게 보관하고 있던 이 편지에는 그마저도 왜 그렇게 다정한지요. 아버지의 음성이 들리는 것처럼 큰 힘이 되더라고요.

"아침밥을 먹는데 슬이 자리가 남아 있어 아침이나 먹는지 생각하니 눈물이 나와 주방으로 들어가 눈물을 훔치고 밥을 먹었는데, 슬이 전화가 와서 얼마나 반가웠는지 모두가 기쁨이었단다. 예쁘고 슬기로운 딸! 그리움을 잊으려고 잘못한 일, 서운한 일 등을 모두 떠올려도 꼬집을 게 없어서 있을 때 더 잘해주지 못한 게 도리어 죄스러운 생각이 들었다."

편지 귀퉁이마다 제 이름을 써 넣고도 모자라 평소 몰랐던 아버지의 그림 실력까지 선보이며 편지를 채워주신 걸 보고 놀랐어요. 그때는 안 보이던 것이 지금은 보이다니… 아빠의 편지를 보며 생각했습니다.

'기록은 사랑을 남기는 일이구나.'

우리는 늘 지금만 살 것처럼 살아가지만, 시간은 흐르고 기억은 희미해집니다. 언젠가 아이가 성장하여 먼 길을 떠날 때, '내가 너를 얼마나 사랑했는지' 보여줄 수 있는 방법은 그간 우리가 남긴 기록들일지도 모릅니다.

"기록은 중요해, 꼭 써야 해."

말만 하기 보다, 직접 쓰는 모습을 보여주세요. 오늘 느낀 감정을 일기에 남기고, 아이의 이름을 불러가며 짧은 쪽지라도 건네 보세요. "잘하고 있어, 엄마는 네가 자랑스러워." 같은 한 줄이면 충분합니다. 그렇게 쌓인 말들은 하루의 끝에서 아이에게 "괜찮아, 넌 사랑받고 있어."라는 메시지를 전해줄 것입니다. 아이가 쓴 짧은 문장, 삐뚤빼뚤한 글씨도 시간이 흘러 다시 보면 큰 기쁨이 됩니다.

기록은 거창하거나 완벽하지 않아도 괜찮습니다. 꾸준하지 않아도 괜찮습니다. 며칠 쉬어도, 못 채워도 괜찮습니다. 중요한 건 지금 이 순간, 마음을 담아 '남기는 것' 그 자체입니다. 이 책을 덮는 순간, 당신과 아이의 기록 여정이 시작되기를 바랍니다. 작은 흔적들이 지금의 우리와 먼 훗날 누군가의 마음을 단단하게 지켜줄 테니까요.

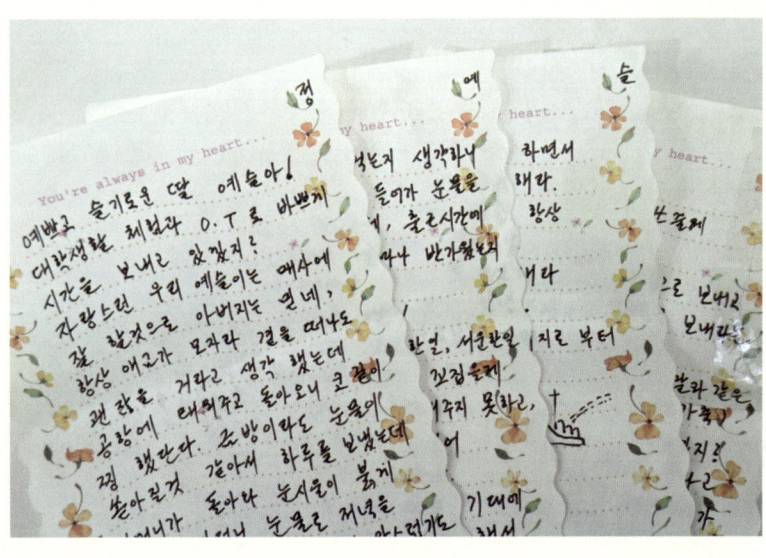

초등 1학년, 스스로 공부가 시작됐다

초판 1쇄 발행 2025년 7월 21일

지은이 정예슬
펴낸이 김영조
편집 조연곤, 김시연, 진나경 | **디자인** 정지연 | **마케팅** 김민수, 강지현 | **제작** 김경묵 | **경영지원** 정은진
펴낸곳 싸이프레스 | **주소** 서울시 마포구 양화로7길 44, 3층
전화 (02)335-0385 | **팩스** (02)335-0397
이메일 cypressbook1@naver.com | **홈페이지** www.cypressbook.co.kr
블로그 blog.naver.com/cypressbook1 | **포스트** post.naver.com/cypressbook1
인스타그램 싸이프레스 @cypress_book1 | 싸이클 @cycle_book
출판등록 2009년 11월 3일 제2010-000105호

ISBN 979-11-6032-252-1   03370

- 이 책은 저작권법에 따라 보호를 받는 저작물이므로 무단 전재 및 복제를 금합니다.
- 책값은 뒤표지에 있습니다.
- 파본은 구입하신 곳에서 교환해 드립니다.
- 싸이프레스는 여러분의 소중한 원고를 기다립니다.